EERSTE EDITIE - Gepubliceerd in 2022

Extra grafisch materiaal van: www.freepik.com
Dank aan: Alekksall, Starline, Pch.vector, Rawpixel.com, Vectorpocket, Dgim-studio, Upklyak, Macrovector, Stockgiu, Pikisuperstar & Freepik.com Designers

Ontdek gratis online spelletjes

Hier verkrijgbaar:

BestActivityBooks.com/FREEGAMES

5 TIPS OM TE BEGINNEN!

1) HOE OP TE LOSSEN

De Puzzels zijn in een Klassiek Formaat:

- Woorden worden verborgen zonder pauzes (geen spaties, streepjes, ...)
- Oriëntatie: Voorwaarts & Achterwaarts, Boven & Beneden of in Diagonaal (kan in beide richtingen)
- Woorden kunnen elkaar overlappen of kruisen

2) ACTIEF LEREN

Naast elk woord is een spatie voorzien om de vertaling te noteren. Om actief te leren vindt u een **WOORDENBOEK** aan het einde van deze editie om uw kennis te controleren en uit te breiden. U kunt elke vertaling opzoeken en opschrijven, de woorden in de puzzel vinden en ze vervolgens aan uw woordenschat toevoegen!

3) TAG JE WOORDEN

Hebt u al geprobeerd een labelsysteem te gebruiken? U zou bijvoorbeeld de woorden die moeilijk te vinden waren kunnen markeren met een kruis, de woorden die u leuk vond met een ster, nieuwe woorden met een driehoek, zeldzame woorden met een ruit enzovoort...

4) ORGANISEER UW LEREN

Wij bieden ook een handig **NOTITIEBOEKJE** aan het eind van deze uitgave. Of u nu op vakantie, op reis of thuis bent, u kunt uw nieuwe kennis gemakkelijk ordenen zonder dat u een tweede notitieboek nodig hebt!

5) AFGESLOTEN?

Ga naar de bonussectie: **FINAAL UITDAGING** om een gratis spel te vinden dat aan het einde van deze editie wordt aangeboden!

Wil je meer leuke en leerzame activiteiten? Het is Snel en Eenvoudig! Een hele collectie spelboeken slechts **één klik verwijderd!**

Vind uw volgende uitdaging bij:

BestActivityBooks.com/MijnVolgendeBoek

Klaar... Start!

Wist u dat er zo'n 7000 verschillende talen in de wereld zijn? Woorden zijn kostbaar.

We houden van talen en hebben hard gewerkt om de boeken van de hoogste kwaliteit voor u te maken. Onze ingrediënten?

Een selectie van onmisbare leerthema's, drie grote plakken plezier, dan voegen we er een lepel moeilijke woorden en een snuifje zeldzame woorden aan toe. We serveren ze met zorg en een maximum aan verrukking, zodat je de beste woordspelletjes kunt oplossen en veel plezier beleeft aan het leren!

Uw feedback is essentieel. U kunt een actieve bijdrage leveren aan het succes van dit boek door een recensie achter te laten. Vertel ons wat u het meest beviel in deze editie!

Hier is een korte link die u naar uw bestelpagina brengt:

BestBooksActivity.com/Recensies50

Bedankt voor uw hulp en veel plezier met het spel!

Linguas Classics

1 - Metingen

```
W T H T R P L V Ł B H S D S
V R M P T C A I I Q I Z Z T
W Y S O K O Ś Ć T O T E I O
G D M H M A S A R R W R E P
R Ł D J K G M E T R I O S I
A U Ę W I T S I V M C K I E
M G H B L F K T N M E O Ę Ń
T O Z A O P I O O U N Ś T R
W Ś W J M K L N J N T Ć N P
T Ć Y T E P O A I C Y A Y W
W A G A T W G Ś L J M G Z N
V Z J M R I R Y Ć A E T Ł E
X P D H Y C A L B G T F W V
Z B Ł Y L P M Ł Z D R V V E
```

SZEROKOŚĆ	KILOGRAM
BAJT	KILOMETR
CENTYMETR	DŁUGOŚĆ
DZIESIĘTNY	LITR
GŁĘBOKOŚĆ	MASA
WAGA	METR
STOPIEŃ	MINUTA
GRAM	UNCJA
WYSOKOŚĆ	TONA
CAL	

2 - Keuken

```
J  Z  B  Ż  G  Ł  B  D  W  F  D  K  N  P
F  H  Q  W  Y  Ą  V  Ł  C  C  Z  X  L  R
L  J  I  D  W  W  B  W  P  O  B  X  O  Z
P  M  I  S  K  A  N  K  U  B  A  A  D  Y
I  P  L  W  W  G  O  O  A  Y  N  A  Ó  P
E  Z  R  Z  N  Ł  Ż  T  Ś  B  E  O  W  R
K  M  N  Z  E  R  E  J  P  Ć  K  O  K  A
A  Ł  B  U  E  S  E  R  W  E  T  K  A  W
R  Y  X  H  H  P  F  A  R  T  U  C  H  Y
N  Ż  D  Z  C  W  I  D  E  L  C  E  K  U
I  K  U  B  K  I  Y  S  Ł  O  I  K  I  S
K  I  P  A  Ł  E  C  Z  K  I  I  T  Ł  O
C  H  O  C  H  L  A  C  Z  A  J  N  I  K
L  K  Z  P  G  Y  Z  G  R  I  L  L  N  E
```

KUBKI   CHOCHLA
PAŁECZKI   SŁOIK
GRILL   PRZEPIS
CZAJNIK   FARTUCH
LODÓWKA   SERWETKA
MISKA   PRZYPRAWY
DZBANEK   GĄBKA
ŁYŻKI   ŻYWNOŚĆ
NOŻE   WIDELCE
PIEKARNIK

3 - Boten

```
K A J A K R D O K P M A M T
O Ż H N N Z W C E R O X A R
T A O M P E E E M O R I R A
W G I B K K Y A O M Z B Y T
I L B O G A U N Q X E Z N W
C Ó Z N A U T Y C Z N Y A A
A W X A J E Z I O R O S R E
C K T R Ł B O J A N V I Z L
M A S Z T O X M F I R L D D
O J A C H T G B A C K N S Z
R I E G S I M A L H Ł I V V
S W D E O T P T E U H K Q I
K P J Ł E L A N Y D U Ł L J
I J L I N A Y G H M L B I V
```

KOTWICA	JEZIORO
ZAŁOGA	SILNIK
BOJA	NAUTYCZNY
DOK	OCEAN
FALE	RZEKA
JACHT	LINA
KAJAK	PROM
MORSKI	TRATWA
MASZT	MORZE
MARYNARZ	ŻAGLÓWKA

4 - Chocolade

```
N  I  C  F  C  P  Y  S  Z  N  Y  P  A  C
S  N  Q  U  C  U  Ł  I  K  G  Q  R  N  U
A  K  A  K  A  O  K  N  L  P  M  Z  T  K
R  O  Ł  J  E  Ś  Ć  I  W  U  M  E  Y  I
O  K  F  A  A  A  W  B  E  Y  K  P  O  E
M  O  V  K  D  G  F  F  X  R  D  I  K  R
A  S  Z  O  D  N  X  B  W  S  E  S  S  P
T  F  M  Ś  V  E  I  S  M  A  K  K  Y  R
K  S  T  Ć  I  V  Q  K  O  A  Ł  X  D  O
H  A  E  G  Z  O  T  Y  C  Z  N  Y  A  S
S  T  R  A  U  L  U  B  I  O  N  Y  N  Z
V  J  A  M  K  A  L  O  R  I  E  S  T  E
S  U  D  E  E  N  G  O  R  Z  K  I  M  K
P  J  N  O  Y  L  U  S  Ł  O  D  K  I  E
```

ANTYOKSYDANT

AROMAT

GORZKI

KAKAO

KALORIE

JEŚĆ

EGZOTYCZNY

ULUBIONY

PYSZNY

SKŁADNIK

KARMEL

KOKOS

JAKOŚĆ

PROSZEK

PRZEPIS

SMAK

CUKIEREK

CUKIER

SŁODKIE

5 - Tijd

```
W  J  E  Z  G  Z  R  P  B  V  H  I  U  H
C  C  H  R  D  G  O  D  Z  I  N  A  A  I
R  H  Z  S  A  Z  C  T  Y  D  Z  I  E  Ń
X  B  S  E  P  R  Z  Y  S  Z  Ł  O  Ś  Ć
W  Ł  G  F  S  U  N  B  Q  I  D  Z  N  K
G  C  G  V  E  N  E  S  D  S  Z  E  S  A
Z  G  Z  Y  P  P  Y  T  M  I  I  G  W  L
N  O  C  O  O  C  P  U  C  A  E  A  F  E
D  T  W  N  R  L  Ł  L  U  J  Ń  R  B  N
K  E  A  U  C  A  O  E  T  E  R  A  Z  D
N  A  K  Z  E  J  J  C  R  A  N  O  R  A
R  Z  K  A  S  Y  M  I  N  U  T  A  O  R
P  O  Ł  U  D  N  I  E  A  R  G  E  K  Z
J  B  W  O  L  A  M  I  E  S  I  Ą  C  Ł
```

DZIEŃ	MINUTA
DEKADA	PO
STULECIE	NOC
WCZORAJ	TERAZ
ROK	RANO
ROCZNE	PRZYSZŁOŚĆ
KALENDARZ	GODZINA
ZEGAR	DZISIAJ
MIESIĄC	WCZESNY
POŁUDNIE	TYDZIEŃ

6 - Meditatie

```
U W A M Z S M U Z Y K A N P
A E K L J P Z U W A G A A O
P M T E X E O C D D A Z T S
Q O J V Ł R D O Z F M J U T
F B K P O S D B I Ę G R R A
F Q Z Ó F P E U Ę Z Ś U A W
E M O C J E C D C G X C Z A
S K X I A K H Z Z U G H I T
X D C S H T O I N G Q X N E
L B V Z X Y W Ć O O O S E B
I J E A X W Y K Ś U K C Z I
G S X F M A E U Ć Q H N W H
W S P Ó Ł C Z U C I E S J Y
P R Z Y J Ę C I E M Y Ś L I
```

UWAGA	POSTAWA
PRZYJĘCIE	WSPÓŁCZUCIE
ODDECHOWY	MUZYKA
RUCH	NATURA
WDZIĘCZNOŚĆ	PERSPEKTYWA
EMOCJE	CISZA
MYŚLI	POKÓJ
SZCZĘŚCIE	OBUDZIĆ

7 - Zomer

```
P O D R Ó Ż O G R Ó D D N R
W Y P O C Z Y N E K D M U A
P R Z Y J A C I E L E W R D
M O R Z E K S I Ą Ż K I K O
R T L O G W I A Z D Y M O Ś
W S P O M N I E N I A C W Ć
K G J S E K M M D P F N A Ł
Y T K S J L E R U O Q E N F
R E L A K S I M K Z M P I B
Ż Y W N O Ś Ć P P D Y H E A
M R O D Z I N A L I Q K F D
Y C X A F U N S A C N V A A
B J P Ł Y W A Ć Ż G Y G M B
R G D Y Y F G W A K A C J E
```

KSIĄŻKI	GWIAZDY
NURKOWANIE	PLAŻA
RODZINA	OGRÓD
WSPOMNIENIA	WAKACJE
DOM	ŻYWNOŚĆ
KEMPING	RADOŚĆ
MUZYKA	PRZYJACIELE
RELAKS	WYPOCZYNEK
PODRÓŻ	MORZE
SANDAŁY	PŁYWAĆ

8 - Vogels

```
J  J  S  S  X  Q  S  B  R  J  A  J  K  O
F  S  O  W  M  O  S  T  J  L  Z  B  U  H
N  L  W  S  T  P  M  W  R  O  N  A  K  L
K  Q  A  C  Z  A  P  L  A  U  H  J  U  O
L  A  E  M  E  W  A  K  P  M  Ś  A  Ł  P
B  T  C  S  I  A  P  U  E  E  N  A  K  Y
O  W  L  Z  W  N  U  R  L  T  U  K  A  N
C  R  R  M  K  W  G  C  I  P  S  Ł  K  M
I  Ó  F  F  V  A  A  Z  K  B  J  A  N  T
A  B  G  Ę  Ś  U  W  A  A  V  U  B  Z  W
N  E  R  L  L  R  V  K  N  W  D  Ę  B  J
H  L  T  I  D  Q  I  V  S  G  N  D  R  J
E  C  P  P  I  N  G  W  I  N  M  Ź  S  M
G  O  Ł  Ą  B  X  E  B  O  E  T  S  A  K
```

GOŁĄB	BOCIAN
KACZKA	PAPUGA
JAJKO	PAW
FLAMING	PELIKAN
GĘŚ	PINGWIN
KURCZAK	CZAPLA
KUKUŁKA	STRUŚ
WRONA	TUKAN
MEWA	SOWA
WRÓBEL	ŁABĘDŹ

9 - Behoud

```
E  S  Z  Z  K  W  Z  F  U  Ł  R  W  E  Ś
M  V  I  D  P  L  M  E  O  L  E  O  K  R
Q  C  E  R  E  M  I  Z  R  C  C  L  O  O
P  H  L  O  S  L  A  M  G  N  Y  O  S  D
Ł  E  O  W  T  E  N  N  A  A  K  N  Y  O
S  M  N  I  Y  I  Y  I  N  T  L  T  S  W
W  I  Y  E  C  U  X  E  I  U  I  A  T  I
Z  K  E  D  Y  G  V  J  C  R  N  R  E  S
K  A  H  D  D  B  C  S  Z  A  G  I  M  K
A  L  Y  Y  L  F  Ł  Z  N  L  V  U  W  O
E  I  H  U  Q  I  X  Y  Y  N  S  S  N  D
Ł  A  C  Y  K  L  S  Ć  B  Y  Ł  Z  X  J
W  O  D  A  E  D  U  K  A  C  J  A  B  H
D  H  P  W  K  S  L  F  O  G  M  W  G  N
```

CHEMIKALIA
EKOSYSTEM
CYKL
ZDROWIE
ZIELONY
SIEDLISKO
KLIMAT
ŚRODOWISKO
NATURALNY

EDUKACJA
ORGANICZNY
PESTYCYD
RECYKLING
ZMIANY
ZMNIEJSZYĆ
WOLONTARIUSZ
WODA

10 - Wiskunde

```
P R O S T O P A D Ł Y S U A
P R O S T O K Ą T M J P P R
E S W G E O M E T R I A O Y
Ś R E D N I C A G Ó K I D T
E H Z I T O T W L W W J Z M
Z P R M R V R Ó W N A N I E
J Y G D Ó D Ł D F O D W A T
L A D N J U L K R L R I Ł Y
S O R Q K Ą T Y A E A E T K
W U R A Ą M B D K G T L N A
S Y M E T R I A C Ł O O Ł U
W F Z A Z E P V J Y B K J S
O B W Ó D T O Z A A Y Ą Z F
W Y K Ł A D N I K C M T K X
```

ŚREDNICA	RÓWNOLEGŁY
PODZIAŁ	PROSTOKĄT
TRÓJKĄT	ARYTMETYKA
WYKŁADNIK	SUMA
FRAKCJA	SYMETRIA
GEOMETRIA	WIELOKĄT
KĄTY	RÓWNANIE
PROSTOPADŁY	KWADRAT
OBWÓD	

11 - Camping

```
X  T  W  M  G  Z  T  A  X  Q  Ł  N  K  O
B  S  C  T  U  B  W  K  O  M  P  A  S  Ł
V  D  P  A  K  A  B  I  N  A  C  M  I  V
P  R  Z  Y  G  O  D  A  E  M  D  I  Ę  D
O  Z  B  Y  N  U  R  K  H  R  U  O  Ż  S
L  E  J  E  Z  I  O  R  O  A  Z  T  Y  R
O  W  K  G  X  X  M  R  N  W  M  Ą  C  T
W  A  K  M  O  W  A  D  N  A  A  A  T  D
A  K  A  P  E  L  U  S  Z  L  P  O  K  M
N  G  B  L  A  T  A  R  N  I  A  G  A  E
I  W  Ó  I  Ł  P  T  N  E  N  G  I  J  Q
E  G  B  R  A  T  X  X  D  A  X  E  A  K
O  U  L  N  A  T  U  R  A  S  Q  Ń  K  J
J  E  Z  W  U  T  Y  J  Z  L  A  S  Ł  W
```

PRZYGODA	POLOWANIE
GÓRA	MAPA
DRZEWA	KAJAK
LAS	KOMPAS
OGIEŃ	LATARNIA
KABINA	KSIĘŻYC
ZWIERZĄT	JEZIORO
HAMAK	NATURA
KAPELUSZ	NAMIOT
OWAD	LINA

12 - Activiteiten

```
M Z K M C E R A M I K A A A
Y A W E R Z E M I O S Ł A N
K G Y G M N Y T A N I E C S
V A K R A P L T M N O W J Z
H D E Y G O I Y A D L F Ł T
K K O X I Q J N M N C M F U
U I J Z A U U W G N I X M K
P R Z Y J E M N O Ś Ć E S A
W Y P O C Z Y N E K Q R Z F
O N N P O L O W A N I E Y K
W Ę D K A R S T W O W L C T
U M I E J Ę T N O Ś Ć A I P
D Z I A Ł A L N O Ś Ć K E R
F O T O G R A F I A F S Y M
```

DZIAŁALNOŚĆ	SZTUKA
RZEMIOSŁA	CZYTANIE
TANIEC	MAGIA
FOTOGRAFIA	SZYCIE
GRY	RELAKS
WĘDKARSTWO	PRZYJEMNOŚĆ
POLOWANIE	ZAGADKI
KEMPING	UMIEJĘTNOŚĆ
CERAMIKA	WYPOCZYNEK

13 - Vormen

```
S  T  O  Ż  E  K  K  R  P  K  Q  K  H  N
X  C  T  Z  Q  I  R  J  R  R  P  R  I  A
N  Y  B  O  K  X  S  N  Y  A  R  Z  P  R
P  L  O  W  K  R  U  V  Z  W  O  Y  E  O
J  I  K  A  U  Z  S  F  M  Ę  S  W  R  Ż
A  N  R  L  L  I  N  I  A  D  T  A  B  N
Ł  D  Ą  A  A  Ł  F  Q  T  Z  O  S  O  I
Y  E  G  Z  M  V  U  C  E  I  K  Z  L  K
U  R  Ł  Z  T  I  M  K  D  E  Ą  E  A  N
V  C  Y  G  V  A  D  O  O  V  T  Ś  Ł  H
K  O  Ł  O  U  H  I  A  P  R  W  C  F  P
T  R  Ó  J  K  Ą  T  Y  L  M  Z  I  D  X
W  I  E  L  O  K  Ą  T  V  X  T  A  L  I
K  W  A  D  R  A  T  Ł  E  Ł  L  N  K  H
```

KULA	SZEŚCIAN
ŁUK	LINIA
CYLINDER	OWAL
KOŁO	PIRAMIDA
KRZYWA	PRYZMAT
TRÓJKĄT	KRAWĘDZIE
NAROŻNIK	PROSTOKĄT
HIPERBOLA	OKRĄGŁY
BOK	WIELOKĄT
STOŻEK	KWADRAT

14 - Astronomie

```
R  K  R  S  X  L  X  Z  I  E  M  I  A  D
Ó  O  A  Z  A  S  T  E  R  O  I  D  A  X
W  S  K  V  O  T  T  E  L  E  S  K  O  P
N  M  I  N  Z  D  E  K  S  I  Ę  Ż  Y  C
O  O  E  Y  P  L  I  L  R  D  U  F  A  A
N  S  T  Z  L  N  G  A  I  G  K  U  S  S
O  T  A  Ł  A  F  F  Q  K  T  T  M  T  T
C  Y  X  Z  N  C  L  W  T  D  A  E  R  R
N  W  S  Z  E  C  H  Ś  W  I  A  T  O  O
K  O  N  S  T  E  L  A  C  J  A  E  N  N
R  M  G  Ł  A  W  I  C  A  T  N  O  A  O
G  R  A  W  I  T  A  C  J  A  W  R  U  M
L  J  U  M  J  Z  F  J  K  O  M  E  T  A
M  I  B  F  S  G  G  W  I  A  Z  D  A  Q
```

ZIEMIA	MGŁAWICA
ASTEROIDA	PLANETA
ASTRONAUTA	RAKIETA
ASTRONOM	SATELITA
ZODIAK	GWIAZDA
RÓWNONOC	KONSTELACJA
KOMETA	TELESKOP
KOSMOS	WSZECHŚWIAT
KSIĘŻYC	GRAWITACJA
METEOR	

15 - Emoties

```
Q O U M Z S S S W H Y J P W
Z R L G A M T P M C K Ł O S
C O G L W I R O D U R C K P
M Z A Q A Ł A K A G T B Ó Ó
A K U U R O C Ó D B H E J Ł
X O U Ł T Ś H J D O C E K C
U S H U O Ć G N I E W Q H Z
V Z D U Ś Ś F I Y D W Y L U
V X R H Ć Y Ć N C U L A W C
S X D U A Z Ł D U X P P N I
T B P Q M T T R A D O Ś Ć E
Z A D O W O L O N A A G B M
Ż Y C Z L I W O Ś Ć D S V F
N I E S P O D Z I A N K A C
```

STRACH
SMUTEK
ROZKOSZ
ZAWARTOŚĆ
MIŁOŚĆ
ULGA
SPOKÓJ
WSPÓŁCZUCIE

CZUŁOŚĆ
ZADOWOLONA
NIESPODZIANKA
NUDA
POKÓJ
RADOŚĆ
ŻYCZLIWOŚĆ
GNIEW

16 - Vakantie #2

```
W Y P O C Z Y N E K V W F T
M A S T E A P O D R Ó Ż M R
P O C I Ą G V Z N J X N O A
W S Ł X U R C S V S T H R N
W Y R C W A K A C J E Y Z S
T I S O U N W P B C H O E P
K O Z P L I L O T N I S K O
T E X A A C N J X G Z C R R
A H M R E Z E R W A C J E T
X O A P C N P A S Z P O R T
I T P E I Y Y B O G U J Z M
Z E A D J N A M I O T W Q V
Z L L M F Ł G P G P L A Ż A
R E S T A U R A C J A O J B
```

ZAGRANICZNY	PLAŻA
WYSPA	TAXI
HOTEL	NAMIOT
MAPA	POCIĄG
KEMPING	WAKACJE
LOTNISKO	TRANSPORT
PASZPORT	WIZA
PODRÓŻ	WYPOCZYNEK
REZERWACJE	MORZE
RESTAURACJA	

17 - Weersomstandigheden

```
A A T G I T P I O R U N K H
T P X T W Ł Ę T W W P H L U
M C H M U R A C D Q S T I R
O U T V A C S R Z K L Ł M A
S T A E N I E B O A Y L A G
F D N X M W I A T R Ł B T A
E Ł Z J M P I T W H L D O N
R J X L Q O E L W C Ó M R Z
A G C N Y L T R G D D G N B
S U S Z A A Q U A O L Ł A U
U D R C P R W M G T T A D R
T K U R U N M O N S U N O Z
M M C B S Y W M D N X R Y A
P O W Ó D Ź G R Z M O T A W
```

ATMOSFERA	POWÓDŹ
PIORUN	POLARNY
GRZMOT	TĘCZA
SUSZA	BURZA
NIEBO	TEMPERATURA
LÓD	TORNADO
KLIMAT	WILGOTNY
MGŁA	WIATR
MONSUN	CHMURA
HURAGAN	

18 - Strand

```
P N T U W I H Ł X Ł K P Q X
A S G U N W O W Ł K B J J C
R A F A T Y C P Ł Y W A Ć W
A N P I A S E K A V Ł A Y O
S D P A L P A R G J V Ó V M
O A F S O A N K R A B M D L
L Ł U V T B G Z L T F K V Ź
P Y U M I Ł D U V F Z O J Q
O E G T R Ę C Z N I K H N O
W Y B R Z E Ż E K A U G C Y
U T D M N I E B I E S K I Q
D Q Z P A S Ł O Ń C E A A B
M O R Z E Ż A G L Ó W K A C
W A K A C J E Q F E J B N A
```

NIEBIESKI	PARASOL
ŁÓDŹ	RAFA
DOK	SANDAŁY
WYSPA	WAKACJE
RĘCZNIK	PIASEK
KRAB	MORZE
WYBRZEŻE	ŻAGLÓWKA
LAGUNA	SŁOŃCE
OCEAN	PŁYWAĆ

19 - Eten #2

```
J  P  I  B  R  Z  O  S  K  W  I  N  I  A
O  A  O  C  Z  E  J  T  K  Y  U  M  S  A
G  U  B  M  B  S  A  L  Q  B  Y  I  L  M
U  W  A  Ł  I  H  J  M  R  O  P  G  N  X
R  P  N  C  K  D  K  J  Y  E  Ł  D  V  R
T  S  A  F  A  O  O  I  B  C  Ł  A  S  K
I  Z  N  S  Z  P  A  R  A  G  H  Ł  R  I
N  E  B  R  O  K  U  Ł  Y  D  H  L  K  W
A  N  A  N  A  S  E  R  Y  Ż  K  R  E  I
W  I  N  O  G  R  O  N  O  P  Q  N  A  B
L  C  S  Z  Y  N  K  A  N  K  B  C  O  Y
B  A  K  Ł  A  Ż  A  N  L  T  I  W  F  F
M  P  K  U  R  C  Z  A  K  A  L  J  P  A
B  A  S  W  Ł  T  V  Z  V  Q  F  D  O  B
```

MIGDAŁ	SZYNKA
ANANAS	SER
JABŁKO	KURCZAK
SZPARAG	KIWI
BAKŁAŻAN	BRZOSKWINIA
BANAN	RYŻ
BROKUŁY	PSZENICA
CHLEB	POMIDOR
WINOGRONO	RYBA
JAJKO	JOGURT

20 - Klimmen

```
O E W Y S O K O Ś Ć M S F S
Y B Y Ł K T L O N Ł A I I Z
A L U T X S A C U B P Ł Z K
T W L T E G E B E M A A Y O
M Ą Ł E Y R B F I G U T C L
O S X G H J E Y V L E A Z E
S K J A S K I N I A N V N N
F A M J N C G O H P W O Y I
E P R Z E W O D N I K I Ś E
R R Ę K A W I C Z K I L Q Ć
A C I E K A W O Ś Ć K A S K
F I R W Y Z W A N I A O R L
E K S P E R T Ł I V X F B S
W Ę D R Ó W K I T K U E K O
```

ATMOSFERA	SIŁA
EKSPERT	BUTY
FIZYCZNY	CIEKAWOŚĆ
PRZEWODNIKI	SZKOLENIE
JASKINIA	WĄSKA
RĘKAWICZKI	STABILNOŚĆ
KASK	TEREN
WYSOKOŚĆ	WYZWANIA
MAPA	WĘDRÓWKI

21 - Restaurant #1

```
G R H G P I K A N T N Y T J
L R E H J J D A Z P Ó N A K
M P I Z F H B T W Ł Ż Ł L E
D H D D E C V Z M A X V E L
O A E Z W R B D E V E Ł R N
S O S X L M W J E Ś Ć N Z E
A L E R G I A A X E H D Ł R
Ż P R A L Ę X J C H L E B K
Y F O M I S K A U J Y J Y A
W R U G X O D M U O A Ł B Y
N Z C K A S J E R F M P N V
O H F K U C H N I A W B X J
Ś V H H E O K U R C Z A K L
Ć E V E C S E R W E T K A O
```

ALERGIA   NÓŻ
TALERZ   PIKANTNY
CHLEB   REZERWACJA
JEŚĆ   SOS
KASJER   KELNERKA
KUCHNIA   SERWETKA
KURCZAK   DESER
KAWA   MIĘSO
MISKA   ŻYWNOŚĆ
MENU

22 - Geologie

```
Y O W E D R V Ł G E B K N S
K S W A R S T W A T T W P K
O Ó S I J K E R O Z J A Ł A
N L A W A Z O T X B Z R A M
T M C M I N E R A Ł Y C S I
Y O I M Ł A E C A Ł V H K E
N W E K A M I E Ń L L G O N
E U K R Y S Z T A Ł Y R W I
N L Ł O S T R E F A S O Y A
T K Y K W A S S K U Z T Ż Ł
I A S T A L A K T Y T A W O
E N L T E V L J K G N Ł A Ś
G E J Z E R W K B H T J P Ć
M V F P T Y O M Q D E D Ń D
```

WAPŃ   WARSTWA
KONTYNENT   LAWA
EROZJA   MINERAŁY
SKAMIENIAŁOŚĆ   PŁASKOWYŻ
GEJZER   STALAKTYT
CIEKŁY   KAMIEŃ
GROTA   WULKAN
KORAL   STREFA
KRYSZTAŁY   SÓL
KWARC   KWAS

23 - Specerijen

```
P K O Z I E R A D K A N Y Ż
C I C K S Z A F R A N K D R
Y F E O K A R D A M O N P Ł
N E B P J S A G O Ź D Z I K
A L U E R S Ł O D K I E H N
M C L R Y Z Y R C C D Y E N
O M A W T V I Z L U R Ł C F
N W A Ł D S O K K A R L W C
M F D O K V Q I J Y F R Ł Z
A X H S S M A K B Q Ł E Y O
X M R K Ó B I N T Ł M B C S
I U Y I L W A N I L I A L N
I M B I R K O L E N D R A E
M P A P R Y K A S K O E K K
```

ANYŻ	GOŹDZIK
GORZKI	PAPRYKA
KOZIERADKA	PIEPRZ
IMBIR	SZAFRAN
CYNAMON	SMAK
KARDAMON	CEBULA
CURRY	WANILIA
CZOSNEK	KOPER WŁOSKI
KMINEK	SŁODKIE
KOLENDRA	SÓL

24 - Groenten

```
T D D X P S B C R Z H W Q S
W T Y D I L Z R E I R K W Z
O T N P E J N P O B D K B A
G O I R T E Y O I K U T Z L
Ó S A G R O C H M N U L L O
R I U S U L I R B D A Ł A T
E M P H S I W E I I N K Y K
K C T G Z W O L R P G A P A
F Z Z R K A I L O O W R V B
A O E Z A O T D H I E C X L
I S S Y P O M I D O R Z Z P
G N M B A K Ł A Ż A N O V W
S E L E R Z E P A D X C Z C
J K S A Ł A T K A A T H U Ł
```

KARCZOCH   PIETRUSZKA
BAKŁAŻAN   DYNIA
BROKUŁY   RZEPA
GROCH   SAŁATKA
IMBIR   SELER
CZOSNEK   SZALOTKA
OGÓREK   SZPINAK
OLIWA   POMIDOR
GRZYB   CEBULA

25 - Dans

```
C H O R E O G R A F I A R E
K U L T U R A L N Y R G Y M
T R A D Y C Y J N Y G C T O
W W I Z U A L N Y M Z E M C
E O C R E G R L I O Y P N J
K U L T U R A K A D E M I A
R S C P Ł A S K A P R Ó B A
U Z I T O R J K I S N M P K
C T A W Z S A Q D K T U A H
H U Ł C H K T D Q O P Z R D
I K O T J F F A O K U Y T A
L A Q Ł Ł P S P W S R K N O
K L A S Y C Z N Y A N A E Q
W Y R A Z I S T Y T Ł Y R P
```

AKADEMIA
RUCH
RADOSNY
CHOREOGRAFIA
KULTURALNY
KULTURA
EMOCJA
WYRAZISTY
ŁASKA
POSTAWA

KLASYCZNY
SZTUKA
CIAŁO
MUZYKA
PARTNER
PRÓBA
RYTM
SKOK
TRADYCYJNY
WIZUALNY

26 - Sport

```
K O S Z Y K Ó W K A J W E R
T Ł B F K B N G I B A C G O
B S Ł Ł W Ł H W M J S M I W
R U C H X Z H K S M T Z M E
G O L F O Ł O G Ę I A W N R
T R E N E R K R D S D Y A G
B P G H X Q E A Z T I C S I
A Ł R O U R J H I R O I T M
S Y A A T L E T A Z N Ę Y N
E W C T E N I S V O J Z K A
B A Z E S P Ó Ł G S T C A Z
A Ć C U E N F E H T V A M J
L D O E Q I V X B W U U U U
L V P I Y A H J U O Ł H L M
```

ATLETA	SĘDZIA
KOSZYKÓWKA	GRA
RUCH	GRACZ
ROWER	STADION
GOLF	ZESPÓŁ
GIMNAZJUM	TENIS
GIMNASTYKA	TRENER
HOKEJ	ZWYCIĘZCA
BASEBALL	PŁYWAĆ
MISTRZOSTWO	

27 - Mythologie

```
P Z H C O M A G I C Z N Y L
W I B S T W O R Z E N I E E
O K O D Ł W Z Z C Q B E L G
J A H R T Q S M T H A B I E
O T A P U K I O N A E O B N
W A T S V N Ł T N U V T D D
N S E B O H A T E R H R Y A
I T R P J Ł K P O T W Ó R P
K R K L A B I R Y N T Z A Z
O O A X N R L A E U Y F O E
X F Ł Z A C H O W A N I E M
F A Z A Z D R O Ś Ć C J M S
Ś M I E R T E L N Y L J X T
K U L T U R A N T Z U C A A
```

ARCHETYP   ZAZDROŚĆ
PIORUN   SIŁA
KREACJA   WOJOWNIK
KULTURA   LEGENDA
GRZMOT   MAGICZNY
LABIRYNT   POTWÓR
ZACHOWANIE   KATASTROFA
BOHATER   ŚMIERTELNY
BOHATERKA   STWORZENIE
NIEBO   ZEMSTA

28 - Eten #1

```
Y X N F V W Z G T P D T O M
C S A Ł A T K A R C R B S O
Y A Z A W V F W U U D X O R
N R K P M Z I E S K S C K E
A A B U I C X E K I T Z P L
M C Ł Ę N T O A E J O K A
O H D P S W A J W R Ę S S A
N I H B O G C K K K C N C Y
Q D S E X L Ł E A S Z E J T
C E B U L A J Q M Ó M K I N
M A R C H E W K A L I Ł I Z
B A Z Y L I A P Ł A E Ł I J
T U Ń C Z Y K W R Ł Ń K U P
C Y T R Y N A Z U P A Ł O T
```

TRUSKAWKA	SAŁATKA
MORELA	SOK
BAZYLIA	ZUPA
CYTRYNA	SZPINAK
JĘCZMIEŃ	CUKIER
CYNAMON	TUŃCZYK
CZOSNEK	CEBULA
MLEKO	MIĘSO
GRUSZKA	MARCHEWKA
ARACHID	SÓL

29 - Avontuur

```
N O W Y P O D W A G A H R M
I A W A R D K S R X Z D A J
E D W Q Z N P I Ę K N O D P
Z Z Y I Y W A T J N W U O O
W I C T G N Y T H D J L Ś D
Y A I J O A E Z U B S P Ć R
K Ł E E T C C A W R Z E J Ó
Ł A C B O Z N J R A A L L Ż
Y L Z Z W L K K A Z N Q J E
Q N K A A J E L A E S I Z T
U O A C N G N Y S Ł A Ł A P
X Ś W D I T R U D N O Ś Ć Ł
S Ć W Y E N T U Z J A Z M G
S S Z A S K A K U J Ą C Y D
```

DZIAŁALNOŚĆ	NOWY
ENTUZJAZM	NIEZWYKŁY
WYCIECZKA	PODRÓŻE
SZANSA	PIĘKNO
ODWAGA	WYZWANIA
TRUDNOŚĆ	ZASKAKUJĄCY
NATURA	PRZYGOTOWANIE
NAWIGACJA	RADOŚĆ

30 - Circus

```
T L X A L Ł W B I L E T M S
P J C M A G I K L A U N A P
Z N U X D F D A F E W M G E
S W K N B U Z U V P W T I K
A Ł I Ż O N G L E R N Y A T
M S E E E A M P M P O G M A
U U R T R W B O A A W R S K
Z R E G I Z A P Ł R H Y W U
Y Q K D J R Ą M P A I S M L
K O S T I U M T A D O T U A
A K R O B A T A H A V X T R
N A M I O T I B F S Ł O Ń N
B A L O N Y R B G M N V W Y
S Z T U C Z K A K S A L O J
```

MAŁPA	MAGIA
AKROBATA	MUZYKA
BALONY	SŁOŃ
KLAUN	PARADA
ZWIERZĄT	CUKIEREK
MAGIK	SPEKTAKULARNY
ŻONGLER	NAMIOT
BILET	TYGRYS
KOSTIUM	WIDZ
LEW	SZTUCZKA

31 - Restaurant #2

```
Z  A  C  Ł  D  A  L  P  Y  S  Z  N  Y  Z
S  Ó  L  W  J  H  Q  R  Ł  M  Q  G  J  Z
A  N  A  P  Ó  J  E  Z  Y  O  W  O  C  P
Ł  N  C  R  N  Z  L  Y  Ż  B  V  H  I  N
A  U  A  Z  U  P  A  S  K  I  A  C  A  M
T  J  J  Y  M  R  B  T  A  A  F  Q  S  J
K  T  K  P  W  Ł  Y  A  Q  D  K  V  T  W
A  A  E  R  W  R  L  W  Y  G  W  F  O  A
S  Q  L  A  Z  O  Ó  K  H  V  I  F  Z  R
O  L  N  W  N  E  D  A  Q  G  D  X  A  Z
G  Q  E  Y  D  V  S  A  M  U  E  Z  A  Y
C  F  R  S  E  R  Ł  Ł  Q  D  L  W  Y  W
Z  Y  W  M  A  K  A  R  O  N  E  F  X  A
J  A  J  A  I  P  B  W  S  B  C  T  Y  L
```

CIASTO	KELNER
OBIAD	SAŁATKA
NAPÓJ	ZUPA
JAJA	PRZYPRAWY
OWOC	KRZESŁO
WARZYWA	RYBA
PYSZNY	PRZYSTAWKA
LÓD	WIDELEC
ŁYŻKA	WODA
MAKARON	SÓL

32 - Bijen

```
R  Ł  K  O  R  Z  Y  S  T  N  Y  S  D  R
Ó  K  W  W  O  S  K  V  U  A  Ł  W  Ó
Ż  W  B  O  I  A  E  L  X  Ł  W  O  O  J
N  I  S  C  B  A  D  J  U  Ł  P  Ń  P  P
O  T  I  K  L  O  G  R  Ó  D  M  C  E  L
R  N  E  X  R  W  G  M  W  M  Ż  E  K  E
O  Ą  D  K  U  Z  B  A  N  U  Y  V  O  H
D  Ć  L  R  G  A  Y  O  D  K  W  D  S  Y
N  M  I  Ó  D  P  I  D  M  W  N  P  Y  L
O  F  S  L  U  Y  H  B  Ł  I  O  Y  S  M
Ś  P  K  O  U  L  L  Y  W  A  Ś  Ł  T  B
Ć  S  O  W  P  A  S  R  Ł  T  Ć  E  E  D
O  Y  Y  A  H  C  S  P  Q  Y  Ł  K  M  C
M  J  X  B  Ł  Z  P  U  A  D  D  A  J  W
```

ZAPYLACZ	KRÓLOWA
UL	DYM
KWIATY	PYŁEK
KWITNĄĆ	OGRÓD
RÓŻNORODNOŚĆ	SKRZYDŁA
EKOSYSTEM	ŻYWNOŚĆ
OWOC	KORZYSTNY
SIEDLISKO	WOSK
MIÓD	SŁOŃCE
OWAD	RÓJ

33 - School #1

```
W  D  J  N  U  E  G  Z  A  M  I  N  Y  M
L  I  C  Z  B  Y  N  U  A  E  F  A  P  A
Z  F  O  L  D  E  R  Y  B  S  N  U  A  R
O  A  D  L  Y  V  R  X  B  H  M  C  P  K
O  Ł  B  O  D  P  O  W  I  E  D  Z  I  E
O  B  Ó  A  Ł  X  S  Q  U  I  Z  Y  E  R
X  C  I  W  W  G  V  H  R  N  Y  C  R  Y
E  T  K  A  E  A  Z  P  K  E  G  I  K  A
S  X  Ł  D  D  K  M  C  O  Y  U  E  R  L
B  I  B  L  I  O  T  E  K  A  X  L  Z  F
K  S  I  Ą  Ż  K  I  X  K  U  B  Y  E  A
P  R  Z  Y  J  A  C  I  E  L  E  X  S  B
D  Ł  U  G  O  P  I  S  Y  N  E  F  Ł  E
X  Y  F  K  L  A  S  A  B  O  Ł  S  O  T
```

ALFABET	FOLDERY
ODPOWIEDZI	MARKERY
BIBLIOTEKA	PAPIER
KSIĄŻKI	DŁUGOPISY
BIURKO	ZABAWA
LICZBY	OŁÓWEK
EGZAMINY	QUIZ
KLASA	KRZESŁO
NAUCZYCIEL	PRZYJACIELE
OBIAD	

34 - Wandelen

```
Z  P  K  P  B  G  K  N  B  H  D  M  B  W
M  A  L  Z  U  D  L  A  V  F  C  S  F  O
Ę  R  I  W  T  E  I  T  M  C  Z  M  Q  D
C  K  F  K  Y  Y  M  U  A  I  K  H  H  A
Z  I  J  S  Q  A  A  R  P  Y  E  G  H  I
O  Ł  D  Y  Z  M  T  A  A  A  M  N  O  U
N  S  Z  D  E  C  Q  Y  S  L  P  G  I  K
Y  H  I  T  Q  G  Z  V  V  F  I  Ó  G  E
Q  Ł  K  O  M  A  R  Y  U  W  N  R  X  X
Z  W  I  E  R  Z  Ą  T  T  A  G  A  N  D
P  R  Z  Y  G  O  T  O  W  A  N  I  E  S
Z  A  G  R  O  Ż  E  N  I  A  L  Q  W  H
L  Y  E  O  R  I  E  N  T  A  C  J  A  S
Q  S  Ł  O  Ń  C  E  C  I  Ę  Ż  K  I  D
```

GÓRA	NATURA
ZWIERZĄT	ORIENTACJA
ZAGROŻENIA	PARKI
MAPA	KAMIENIE
KEMPING	SZCZYT
KLIF	PRZYGOTOWANIE
KLIMAT	WODA
BUTY	DZIKI
ZMĘCZONY	SŁOŃCE
KOMARY	CIĘŻKI

35 - Ecologie

```
F  Z  R  O  Ś  L  I  N  N  O  Ś  Ć  B  T
L  P  R  Z  E  T  R  W  A  N  I  E  F  P
O  S  O  Ó  Z  W  B  X  H  A  O  V  D  B
R  P  Ś  M  W  W  M  H  C  Ł  L  B  C  N
A  O  L  O  B  N  X  C  H  V  C  M  G  A
Ś  Ł  I  R  F  A  O  G  S  U  S  Z  A  T
W  E  N  S  A  T  G  W  Ó  E  J  K  T  U
I  C  Y  K  U  U  R  N  A  R  R  O  U  R
A  Z  H  I  N  R  S  M  O  Ż  Y  L  N  A
T  N  Ł  W  A  A  T  D  G  W  O  X  E  L
O  O  D  M  I  A  N  A  M  S  Ł  N  K  N
W  Ś  K  L  I  M  A  T  L  P  A  Z  Y  Y
Y  C  R  Ó  Ż  N  O  R  O  D  N  O  Ś  Ć
S  I  E  D  L  I  S  K  O  S  K  Y  L  W
```

GÓRY
RÓŻNORODNOŚĆ
SUSZA
ZRÓWNOWAŻONY
FAUNA
FLORA
SPOŁECZNOŚCI
ŚWIATOWY
SIEDLISKO
KLIMAT

MORSKI
BAGNO
NATURA
NATURALNY
PRZETRWANIE
ROŚLINY
GATUNEK
ODMIANA
ROŚLINNOŚĆ

36 - Installaties

```
Y B Y R K N R I P R G Q K H
T P K L R O Ś L I N N O Ś Ć
B L U S Z C Z E D L Ź A P G
F L O R A Y A C D I R D Z L
A P F A K B T N A W Ó Z I A
F A S O L A A R T V D P O S
K A K T U S C M A B Ł A Ł D
W Z N D P N L H B W O L O O
I Ł E R M Ł B I G U A A J G
A E N Z L I Ś Ć Ś N S V P R
T B M E C H C V M C P Z I Ó
L L T W J A G O D A I D F D
G L B O T A N I K A V Ł Q D
L Q Q K Y B J M X Y N O U Ł
```

BAMBUS	TRAWA
JAGODA	BLUSZCZ
LIŚĆ	ZIOŁO
KWIAT	NAWÓZ
DRZEWO	MECH
FASOLA	BOTANIKA
LAS	KRZAK
KAKTUS	OGRÓD
FLORA	ROŚLINNOŚĆ
LIŚCI	ŹRÓDŁO

37 - School #2

```
D G R A M A T Y K A Q C C U
Ł N O Ż Y C Z K I K O H Y E
U P R A C A D O M O W A L K
G N A U C Z Y C I E L A I X
O Ł Ó W E K M Ł V U B U T Y
P P O U W L K O M P U T E R
I K A L E N D A R Z G O R P
S M A T E M A T Y K A B A L
Y R U Q K P A P I E R U T E
A K A D E M I C K I N S U C
T G R F N F T Ł R A A T R A
O I S T D B E A N N U G A K
M X L T Y W C M K E K B U Y
B I B L I O T E K A A A T J
```

AKADEMICKI	PAPIER
BIBLIOTEKA	DŁUGOPISY
AUTOBUS	OŁÓWEK
KOMPUTER	PLECAK
GRAMATYKA	NOŻYCZKI
PRACA DOMOWA	BUTY
KALENDARZ	WEEKENDY
NAUCZYCIEL	NAUKA
LITERATURA	MATEMATYKA

38 - Oceaan

```
T  O  Ż  Ó  Ł  W  W  D  B  D  K  S  G  R
U  S  S  Y  Ó  S  B  I  E  A  D  Ł  L  J
Ń  T  B  H  D  T  O  G  E  L  V  C  O  N
C  R  U  B  Ź  Z  F  C  G  L  F  L  N  C
Z  Y  R  E  K  I  N  R  N  T  O  I  Y  H
Y  G  Z  K  R  E  W  E  T  K  A  R  N  G
K  A  A  C  H  F  V  T  P  Ł  Y  W  Y  Ą
M  O  K  N  K  O  Ł  Q  L  R  G  Ę  M  B
N  Ł  E  N  Ł  R  G  K  Y  Y  L  G  F  K
A  K  Z  M  E  D  U  Z  A  B  S  O  A  A
O  Ś  M  I  O  R  N  I  C  A  Ó  R  K  A
E  R  E  D  F  V  Q  Ł  Y  O  L  Z  Q  P
K  O  R  A  L  K  R  A  B  Q  R  A  F  A
Q  O  V  F  N  E  Q  E  T  X  E  R  O  M
```

WĘGORZ	OŚMIORNICA
GLONY	OSTRYGA
ŁÓDŹ	RAFA
DELFIN	ŻÓŁW
KREWETKA	GĄBKA
PŁYWY	BURZA
REKIN	TUŃCZYK
KORAL	RYBA
KRAB	WIELORYB
MEDUZA	SÓL

39 - Landen #2

```
R E D N M R F Ł N H U B G N
C G J D E D O R Ł G G E R Q
V Z F P K C A S O M A L I A
D R T C S Q O N J R N L R G
Ł R K Z Y Z D L I A D I L R
N C W O K E N I A A A B A E
I N D O N E Z J A O N E N C
J A P O N I A A N E S R D J
Ł F L W L I B A N T W I I A
N E P A L U K R A I N A A D
F R A N C J A I J O A S K Ł
N I G E R I A H E P A Y Ł N
S V V K E Y S Y R I A G I G
I Z N M A L E Z J A Y F Y L
```

DANIA	LIBERIA
ETIOPIA	MALEZJA
FRANCJA	MEKSYK
GRECJA	NEPAL
IRLANDIA	NIGERIA
INDONEZJA	UGANDA
JAPONIA	UKRAINA
KENIA	ROSJA
LAOS	SOMALIA
LIBAN	SYRIA

40 - Bloemen

```
T S Ł O N E C Z N I K G J P
A U F F S T O K R O T K A I
U P L L I L I O W Y P H Ś W
G Ł U I S Ł B N B J L I M O
N A L U P L D I U N U B I N
O T R T P A Ł C K Y M I N I
J E V D A W N Z I Ż E S Y A
X K H I E E U Y E O R K R A
Ł M Z D H N B N T N I U Ó G
N D A P R D I A X K A S Ż U
H S Q K R A I A L I L I A R
M A G N O L I A B L H R G Y
O R C H I D E A A Ł K C V Ł
P A S S I O N F L O W E R J
```

PŁATEK	MAGNOLIA
BUKIET	ŻONKIL
GARDENIA	ORCHIDEA
HIBISKUS	MAK
JAŚMIN	PASSIONFLOWER
KONICZYNA	PIWONIA
LAWENDA	PLUMERIA
LILIA	RÓŻA
LILIOWY	TULIPAN
STOKROTKA	SŁONECZNIK

41 - Huisdieren

```
H  C  Ż  K  O  Ł  N  I  E  R  Z  Ł  Ż  J
N  H  I  Ó  O  Q  P  P  N  J  J  A  Y  K
K  O  Z  A  Ł  G  A  C  O  L  A  P  W  R
O  M  P  P  R  W  O  D  A  D  S  Y  N  Ó
T  I  T  R  J  H  D  N  J  P  B  P  O  L
Ł  K  T  S  Z  C  Z  E  N  I  A  K  Ś  I
P  H  U  X  K  Ł  R  A  L  N  U  O  Ć  K
I  A  Q  H  A  F  T  N  L  T  Ł  T  F  O
E  N  P  A  P  U  G  A  D  P  I  D  D  Y
S  F  J  A  S  Z  C  Z  U  R  K  A  Y  O
K  U  E  J  Z  K  R  O  W  A  V  Q  K  E
H  H  E  P  X  U  D  Q  Z  K  O  T  E  K
H  G  N  S  P  Ł  R  Y  B  A  Q  W  I  Ł
I  D  Ł  L  Z  G  M  Y  S  Z  G  W  G  E
```

KOZA
JASZCZURKA
CHOMIK
PIES
KOT
KOTEK
PAZURY
KROWA
KRÓLIK
KOŁNIERZ

MYSZ
PAPUGA
ŁAPY
SZCZENIAK
ŻÓŁW
OGON
RYBA
ŻYWNOŚĆ
WODA

42 - Landschappen

```
P  U  S  T  Y  N  I  A  G  A  J  S  G  M
I  Q  H  R  A  X  U  T  W  E  T  T  Ó  N
R  L  P  Y  T  P  W  U  O  P  J  V  R  E
K  Z  Y  L  J  Q  O  N  D  Ó  E  Z  A  M
S  D  E  C  A  Q  Ł  D  O  Ł  Z  Z  E  O
O  Z  Y  K  J  Ż  I  R  S  W  I  B  T  R
U  L  B  O  A  Z  A  A  P  Y  O  V  H  Z
Y  Ł  W  F  S  R  R  K  A  S  R  B  O  E
W  W  U  L  K  A  N  I  D  E  O  Q  V  H
Y  D  O  L  I  N  A  Ł  Y  P  C  F  E  U
S  D  N  H  N  Y  L  O  D  O  W  I  E  C
P  K  S  R  I  W  Z  G  Ó  R  Z  E  I  X
A  V  Y  B  A  G  N  O  C  E  A  N  P  N
G  Ó  R  A  L  O  D  O  W  A  E  C  V  B
```

GÓRA	OCEAN
WYSPA	RZEKA
GEJZER	PÓŁWYSEP
LODOWIEC	PLAŻA
JASKINIA	TUNDRA
WZGÓRZE	DOLINA
GÓRA LODOWA	WULKAN
JEZIORO	WODOSPAD
BAGNO	PUSTYNIA
OAZA	MORZE

43 - Tuin

```
T R A W N I K D S S K R W T
J R H A M A K R X K Z M G A
V X A O Ł B Q Z S A D J R R
E T S M O Ł S E R Ł C Ł A A
G P L Q P C K W T Y V R B S
B A T I A O G O G R Ó D I T
R A R W T V L N U G D A E A
Z X A A A K W I A T W Ą Ż W
D V W J Ż O G I N L I W Y G
P Q A K U M C H W A S T Y K
W P P O G R O D Z E N I E R
Ł A W K A W I N O R O Ś L Z
G N Ł N E B B W E M A R M A
I G L Q T D A J K W G H Z K
```

ŁAWKA	CHWASTY
KWIAT	SKAŁY
DRZEWO	ŁOPATA
SAD	WĄŻ
GARAŻ	KRZAK
TRAWNIK	TARAS
TRAWA	TRAMPOLINA
HAMAK	OGRÓD
GRABIE	STAW
OGRODZENIE	WINOROŚL

44 - Katten

```
K E W T H S Z A L O N Y Ł P
S Z Y B K I E P I L D D I R
D L C F B G T N A R E Q N Z
O S O B O W O Ś Ć Z O B H Ę
I Z V M L W W Z Ł P U Q Ł D
F I G L A R N Y A P I R A Z
M J R R O F U T R O S M P A
D Y K Y G H C X M A Ł Y A Z
Y T Ś D O Y S A I I Q S D A
H Y I L N I H H M P X Z Z B
Z I Q N I E Ś M I A Ł Y I A
C I E K A W Y T D R Y H K W
E Y O P I O Y R Z B S T I N
N I E Z A L E Ż N Y X C D Y
```

FUTRO
PRZĘDZA
SZALONY
ZABAWNY
MYŚLIWY
PAZUR
MAŁY
MYSZ
CIEKAWY

NIEZALEŻNY
OSOBOWOŚĆ
ŁAPA
SEN
SZYBKI
FIGLARNY
OGON
NIEŚMIAŁY
DZIKI

45 - Beroepen #2

```
B I B L I O T E K A R Z S K
L D E N T Y S T A G V I N T
F N T P O D E T E K T Y W F
R O E G M G B I O L O G M I
O P T A S T R O N A U T A L
L I V O O P U O L S U F L O
N L Z A G M O C D E I Ł A Z
I O C H I R U R G N K B R O
K T C W R A Ł H R I A Z F
F J D K J K I F M A V K R I
K D N A U C Z Y C I E L F Z
Z L A D Z I E N N I K A R Z
I L U S T R A T O R J Y R L
B A D A C Z I N Ż Y N I E R
```

LEKARZ
ASTRONAUTA
BIBLIOTEKARZ
BIOLOG
ROLNIK
CHIRURG
DETEKTYW
FILOZOF
FOTOGRAF

ILUSTRATOR
INŻYNIER
DZIENNIKARZ
NAUCZYCIEL
BADACZ
PILOT
MALARZ
DENTYSTA
OGRODNIK

46 - Komedie

```
H U M O R V G D O W C I P Y
P A R O D I A F N P T M D T
S U A Ł F J T M T M W P R R
T P B A F G U Z C Z Y R Q Ł
E U R L G E N A V A R O S E
L T Z Y I B E Z A B A W A K
E E H G T C K Ł M A Z I K Ś
W A I K K N Z E C W I Z T M
I T G N L P Y N W N S A O I
Z R I P A Q Z M O Y T C R E
J E Q Q U K K M I Ś Y J K C
A Y C X N O T Q T R Ć A A H
F H A Z Ó H Q O K L A S K I
M Ł D R W A R D R W B I M X
```

AKTOR	HUMOR
AKTORKA	IMPROWIZACJA
OKLASKI	PARODIA
KLAUNÓW	ZABAWA
WYRAZISTY	PUBLICZNOŚĆ
ŚMIECH	SPRYTNY
GATUNEK	TELEWIZJA
DOWCIPY	TEATR
ZABAWNY	

47 - Dagen en Maanden

```
S  T  Y  C  Z  E  Ń  O  A  E  N  T  A  F
C  K  E  P  K  Ł  G  X  T  E  W  Y  T  N
O  Z  N  I  E  D  Z  I  E  L  A  D  L  M
S  T  W  M  I  E  S  I  Ą  C  U  Z  G  R
L  Y  K  A  L  E  N  D  A  R  Z  I  V  H
I  R  C  R  R  P  T  X  C  O  V  E  L  Ś
S  C  P  S  F  T  W  V  A  K  W  Ń  I  R
T  O  R  Z  S  I  E  R  P  I  E  Ń  P  O
O  J  B  Y  I  P  B  K  X  Q  R  Ł  I  D
P  A  F  O  W  T  O  R  E  K  Y  R  E  A
A  T  L  U  T  Y  P  I  Ą  T  E  K  C  H
D  T  A  E  S  A  C  Z  E  R  W  I  E  C
P  A  Ź  D  Z  I  E  R  N  I  K  Q  H  U
W  R  Z  E  S  I  E  Ń  J  V  I  E  Ł  Ł
```

SIERPIEŃ	MARSZ
WTOREK	LISTOPAD
CZWARTEK	PAŹDZIERNIK
LUTY	WRZESIEŃ
ROK	PIĄTEK
STYCZEŃ	TYDZIEŃ
LIPIEC	ŚRODA
CZERWIEC	SOBOTA
KALENDARZ	NIEDZIELA
MIESIĄC	

48 - Beeldende Kunsten

```
D P E R S P E K T Y W A G J
Ł K O M P O Z Y C J A S A Ł
U V O R C E R A M I K A R Y
G T W I T F I L M H Ł R N M
O W O S K R P A K T U C C G
P R U H C W E R V R P Y A W
I X N M T A M T I Q A D R O
S G D F Ł U X Y R G R Z S Ł
Ł L M A L A R S T W O I T Ó
X I A K Z H S T O G K E W W
J N Y K R A J A N T W Ł O E
S A W U I E E N C Y U O K K
C Ł T Q O E D R Z E Ź B A H
F F O T O G R A F I A N D A
```

GARNCARSTWO
ARTYSTA
RZEŹBA
FILM
FOTOGRAFIA
CERAMIKA
GLINA
KREDA
ARCYDZIEŁO

DŁUGOPIS
PERSPEKTYWA
PORTRET
OŁÓWEK
KOMPOZYCJA
MALARSTWO
LAKIER
WOSK

49 - Menselijk Lichaam

```
T U S T A W B K K P N A Ł G
J Ę Z Y K M K O P O R O O Ł
S U C H O V N S J D L Ę S O
I Z Z A Ł P V T I B E A K W
D M Ę M Ó Z G K W R A M N A
Ł Y K C M S N A S Ó J H P O
I P A L E C O S K D V S T B
Q I Ż X N Ł L X Ó E N E Z Ł
V S O W N O G A R K N S O S
I E Ł V U K L K A T X Q D Z
B R Ą E I I W R A M I Ę V Y
F C D S G E M E G W I O Y J
Q E E Ł N Ć G W A E P N N A
R J K H L T L E D U D Z N J
```

NOGA	PODBRÓDEK
KREW	KOLANO
ŁOKIEĆ	ŻOŁĄDEK
KOSTKA	USTA
RĘKA	SZYJA
SERCE	NOS
MÓZG	UCHO
GŁOWA	RAMIĘ
SKÓRA	JĘZYK
SZCZĘKA	PALEC

50 - Familie

```
B  L  I  Ź  N  I  Ę  T  A  P  W  X  M  L
B  R  A  T  A  N  E  K  G  F  E  S  Ą  Q
D  Z  I  E  C  I  Ń  S  T  W  O  I  Ż  W
D  Z  I  A  D  E  K  Z  H  N  J  O  B  D
M  A  T  K  A  A  F  Ł  A  U  C  S  A  V
Q  B  W  P  R  Z  O  D  E  K  I  T  B  K
S  I  O  S  T  R  A  T  F  O  E  R  C  Z
B  R  W  W  D  C  Ó  R  K  A  C  Z  I  G
M  O  S  U  J  Z  C  X  J  S  J  E  A  B
Z  D  U  J  V  Ł  I  A  P  Ż  O  N  A  R
D  Z  I  E  C  K  O  E  Y  Ł  M  I  X  A
H  V  C  K  Y  L  T  R  C  E  F  C  F  T
O  J  C  O  W  S  K  I  Y  I  Ł  A  B  O
Y  G  N  H  L  Ł  A  Ł  V  T  N  Q  Q  V
```

BRAT	SIOSTRZENICA
CÓRKA	WUJEK
BABCIA	DZIADEK
DZIECIŃSTWO	CIOTKA
DZIECKO	BLIŹNIĘTA
DZIECI	OJCIEC
WNUK	OJCOWSKI
MĄŻ	PRZODEK
MATKA	ŻONA
BRATANEK	SIOSTRA

51 - Gebouwen

```
W U X A I M A M B A S A D A
K I W H N F U N R D T U R A
A N E D O R J Z U O M N L W
L J R Ż Y M H C E J K I A E
T L T B A G X H N U O W B F
Q B E I M A B O N X M E O A
H L Z Y K R S T E A T R R B
N V Y U G A T E A H N S A R
S A R P P Ż A L D Ł O Y T Y
Z A M E K Ł D K I N O T O K
K A B I N A I R Q W O E R A
O E K S O J O S D S H T I Ł
Ł K B T T T N P Ł D M Q U G
A S T O D O Ł A Ł T A V M B
```

AMBASADA	MUZEUM
KINO	SZKOŁA
KABINA	STODOŁA
FABRYKA	STADION
GARAŻ	NAMIOT
HOTEL	TEATR
ZAMEK	WIEŻA
LABORATORIUM	UNIWERSYTET

52 - Kunst

```
Z O S O B I S T Y A S L T Ł
A C E R A M I C Z N Y G G Y
I N K Y Y N N C N D M R Z H
N X O G N R I X I M B U H M
S D M I A K P T T Z O Ł D O
P L P N S U R R E A L I Z M
I O L A T K O L Ł M Q J Ł Z
R B E Ł R J S Ł Q J A U C Ł
O R K Z Ó B T Ł C T M T T W
W A S D J W Y R A Ż E N I E
A Z H F E A S T W Ó R Z Z G
N Y P R Z E D S T A W I A Ć
Y K O M P O Z Y C J A E W T
U C Z C I W Y I R Z E Ź B A
```

RZEŹBA

ORYGINAŁ

KOMPLEKS

OSOBISTY

STWÓRZ

POEZJA

PROSTY

PRZEDSTAWIAĆ

UCZCIWY

KOMPOZYCJA

ZAINSPIROWANY

OBRAZY

NASTRÓJ

SURREALIZM

CERAMICZNY

SYMBOL

TEMAT

WYRAŻENIE

53 - Beroepen #1

```
F  J  J  S  C  M  T  M  V  P  L  P  P  K
U  A  I  E  A  Ł  F  Y  B  S  D  I  I  A
I  B  R  S  M  K  R  Ś  A  Y  W  A  E  R
G  H  U  M  B  X  G  L  N  C  D  N  L  T
H  Y  D  R  A  U  L  I  K  H  J  I  Ę  O
N  O  A  T  S  C  G  W  I  O  U  S  G  G
S  Ł  S  V  A  H  E  Y  E  L  B  T  N  R
A  T  T  M  D  K  O  U  R  O  I  A  I  A
T  A  R  Y  O  H  L  Ł  T  G  L  L  A  F
L  N  O  A  R  X  O  A  W  A  E  E  R  Z
E  C  N  S  Ż  Q  G  V  D  M  R  K  K  A
T  E  O  P  R  A  W  N  I  K  K  A  A  Y
A  R  M  U  Z  Y  K  W  A  O  Z  R  Y  A
Z  Z  I  R  E  D  A  K  T  O  R  Z  T  Z
```

PRAWNIK	REDAKTOR
AMBASADOR	GEOLOG
FARMACEUTA	MYŚLIWY
ASTRONOM	JUBILER
ATLETA	HYDRAULIK
BANKIER	MUZYK
STRAŻAK	PIANISTA
KARTOGRAF	PSYCHOLOG
TANCERZ	PIELĘGNIARKA
LEKARZ	

54 - Kastelen

```
P  L  Q  G  G  Z  U  K  S  Q  J  S  K  S
Ł  T  J  I  K  S  F  O  Z  M  L  V  R  D
F  A  D  M  Ł  O  E  R  L  K  O  Ń  Ó  Y
S  R  U  P  K  B  U  O  A  W  C  K  L  N
I  C  Y  E  D  J  D  N  C  P  H  A  E  A
R  Z  B  R  O  J  A  A  H  O  V  T  S  S
I  A  R  I  X  R  L  X  E  K  Y  A  T  T
N  B  T  U  G  R  N  G  T  P  C  P  W  I
C  G  E  M  P  Ś  Y  J  N  B  Q  U  O  A
W  I  E  Ż  A  A  C  V  Y  W  Q  L  Ł  H
R  Y  C  E  R  Z  Ł  I  E  E  B  T  D  G
K  S  I  Ą  Ż  Ę  Z  A  A  K  L  A  H  U
M  I  E  C  Z  W  P  Q  C  N  Y  C  D  F
J  E  D  N  O  R  O  Ż  E  C  A  Ł  F  L
```

SMOK
DYNASTIA
SZLACHETNY
JEDNOROŻEC
FEUDALNY
ZBROJA
KATAPULTA
LOCH
KRÓLESTWO
KORONA

ŚCIANA
KOŃ
PAŁAC
KSIĄŻĘ
RYCERZ
IMPERIUM
TARCZA
WIEŻA
MIECZ

55 - Insecten

```
H  Ł  Ć  T  P  C  H  Ł  A  A  M  M  K  B
I  Z  M  N  E  H  F  B  C  T  S  O  A  R
I  C  A  C  Q  R  J  K  W  K  Z  D  R  K
V  Y  Q  T  Y  Z  M  Y  E  S  Y  L  A  K
Ł  K  T  N  O  Ą  U  I  R  Z  C  I  L  U
L  A  R  W  A  S  W  G  T  E  A  S  U  X
Q  D  R  I  E  Z  N  B  A  R  B  Z  C  I
K  A  Ł  L  B  C  Ł  L  M  S  Y  K  H  E
M  O  T  Y  L  Z  J  S  W  Z  K  A  G  D
P  S  Z  C  Z  O  Ł  A  A  E  O  U  B  Z
R  O  B  A  K  L  G  N  Ż  Ń  M  J  D  K
J  P  X  P  A  L  X  U  K  L  A  G  X  S
M  R  Ó  W  K  A  D  Ł  A  V  R  O  S  A
J  I  Z  K  O  N  I  K  P  O  L  N  Y  E
```

MODLISZKA	MRÓWKA
PSZCZOŁA	ĆMA
MSZYCA	KOMAR
CYKADA	KONIK POLNY
SZERSZEŃ	TERMIT
KARALUCH	MOTYL
CHRZĄSZCZ	PCHŁA
LARWA	OSA
WAŻKA	ROBAK

56 - Antarctica

```
T  K  L  V  Q  P  H  M  X  M  L  T  I  M
Z  K  O  L  F  Ó  M  P  T  I  K  O  P  Y
A  C  D  N  R  Ł  K  P  O  N  H  P  C  G
T  H  O  Ł  T  W  R  A  C  E  P  O  T  E
O  M  W  B  R  Y  Y  K  H  R  I  G  E  O
K  U  C  Q  T  S  N  R  R  A  N  R  M  G
A  R  E  W  F  E  T  E  O  Ł  G  A  P  R
W  Y  S  P  Y  P  G  N  N  Y  W  F  E  A
R  M  I  G  R  A  C  J  A  T  I  I  R  F
N  A  U  K  O  W  Y  N  D  X  N  A  A  I
W  Y  P  R  A  W  A  N  U  H  Y  D  T  A
O  L  Ś  R  O  D  O  W  I  S  K  O  U  Q
D  A  Ó  S  K  A  L  I  S  T  Y  F  R  Ł
A  B  A  D  A  C  Z  M  I  K  W  C  A  F
```

ZATOKA	ŚRODOWISKO
OCHRONA	BADACZ
KONTYNENT	PINGWINY
WYSPY	SKALISTY
WYPRAWA	PÓŁWYSEP
GEOGRAFIA	TEMPERATURA
LODOWCE	TOPOGRAFIA
LÓD	WODA
MIGRACJA	NAUKOWY
MINERAŁY	CHMURY

57 - Ballet

```
S  S  W  D  Z  I  Ę  C  Z  N  Y  T  M  A
W  Q  T  R  T  E  C  H  N  I  K  A  U  R
N  O  B  Y  O  K  L  A  S  K  I  N  Z  T
S  R  I  T  L  A  T  Q  X  G  M  C  Y  Y
M  K  O  M  P  O  Z  Y  T  O  R  E  K  S
P  I  I  H  E  Q  B  F  Q  K  D  R  A  T
R  E  Ę  X  S  Ł  N  A  V  D  N  Z  G  Y
Ó  S  A  Ś  N  Ł  W  X  L  Ł  X  E  U  C
B  T  V  O  N  Ł  B  X  G  E  S  T  G  Z
A  R  P  Ć  W  I  C  Z  Y  Ć  R  L  G  N
O  A  G  G  K  O  E  W  X  D  B  I  W  Y
C  H  O  R  E  O  G  R  A  F  I  A  N  I
I  N  T  E  N  S  Y  W  N  O  Ś  Ć  B  A
D  B  S  W  Y  R  A  Z  I  S  T  Y  F  Y
```

OKLASKI	MUZYKA
ARTYSTYCZNY	ORKIESTRA
BALERINA	ĆWICZYĆ
CHOREOGRAFIA	PRÓBA
KOMPOZYTOR	RYTM
TANCERZE	WDZIĘCZNY
WYRAZISTY	MIĘŚNIE
GEST	STYL
INTENSYWNOŚĆ	TECHNIKA

58 - Vissen

```
P  C  L  G  X  L  T  I  N  N  X  C  E  C
L  S  I  U  O  K  Q  S  F  Z  M  O  L  H
A  Z  K  E  E  T  O  C  E  A  N  H  A  K
Ż  C  A  J  R  L  O  S  M  Y  S  J  W  I
A  Z  W  Y  Z  P  T  W  Z  A  P  E  P  R
G  Ę  C  B  E  R  L  U  A  Ł  R  Z  D  N
I  K  M  O  K  Z  P  I  P  Ć  Z  I  A  S
B  A  G  V  A  E  R  X  W  Ę  O  L  E
P  F  H  E  M  S  Z  Y  A  O  T  R  S  S
Ł  Ó  D  Ź  J  A  Y  F  G  D  Ś  O  Y  J
T  G  R  D  E  D  N  S  A  A  W  Ć  C  D
H  I  U  O  U  A  Ę  S  H  O  A  X  W  W
B  P  T  P  Ł  E  T  W  Y  H  V  B  Y  A
S  K  R  Z  E  L  A  K  Z  T  P  E  N  B
```

PRZYNĘTA	GOTOWAĆ
SPRZĘT	KOSZ
ŁÓDŹ	JEZIORO
DRUT	OCEAN
CIERPLIWOŚĆ	PRZESADA
WAGA	RZEKA
HAK	PLAŻA
SZCZĘKA	PŁETWY
SKRZELA	WODA

59 - Fruit

```
R H H B Z R J M A L I N A B
C Y T R Y N A S E S K Q S R
Y X P B T L G A Ł L K N M Z
W I Ś N I A O M D D O Y O O
G O A P E U D A E T G N R S
J A B Ł K O A N E L J E E K
G W S A Z A P G Y R N K L W
R O C K N M K O K O S T A I
U K B D D A K I W I W A N N
S A Q V Y Ł N Ł C U I R A I
Z D N H M P A P A J A Y N A
K O W I N O G R O N O N A A
A Ś L I W K A L R R X A S N
P O M A R A Ń C Z O W Y T N
```

MORELA	KIWI
ANANAS	KOKOS
JABŁKO	MANGO
AWOKADO	MELON
BANAN	NEKTARYNA
JAGODA	POMARAŃCZOWY
CYTRYNA	PAPAJA
WINOGRONO	GRUSZKA
MALINA	BRZOSKWINIA
WIŚNIA	ŚLIWKA

60 - Literatuur

```
F  X  X  P  N  G  A  D  G  P  V  B  X  M
D  E  O  C  Y  Ł  O  N  Y  W  U  H  Z  A
T  A  P  O  R  Ó  W  N  A  N  I  E  M  T
E  E  O  P  I  N  I  A  U  L  O  B  D  W
M  D  W  Ł  Z  S  D  N  T  J  O  X  E  S
A  R  I  M  E  T  A  F  O  R  A  G  B  V
T  Y  E  A  F  Y  Ł  I  R  T  P  N  I  M
X  T  Ś  B  L  L  G  K  G  R  O  A  O  A
R  M  Ć  V  S  O  S  C  J  A  E  R  G  L
W  I  E  R  S  Z  G  J  L  G  T  R  R  A
E  I  E  T  J  Z  R  A  B  E  Y  A  A  V
W  N  I  O  S  E  K  Y  X  D  C  T  F  B
A  N  A  L  I  Z  A  J  M  I  K  O  I  K
A  N  E  G  D  O  T  A  N  A  I  R  A  O
```

ANALOGIA	METAFORA
ANALIZA	POETYCKI
ANEGDOTA	RYM
AUTOR	RYTM
BIOGRAFIA	POWIEŚĆ
WNIOSEK	STYL
DIALOG	TEMAT
FIKCJA	TRAGEDIA
WIERSZ	PORÓWNANIE
OPINIA	NARRATOR

61 - Boeken

```
H  I  S  T  O  R  Y  C  Z  N  Y  K  Q  F
L  I  T  E  R  A  C  K  I  B  H  O  D  E
I  P  S  C  D  U  A  L  I  Z  M  N  L  S
S  W  P  T  P  T  T  G  M  L  E  T  S  T
T  O  F  R  O  O  U  J  Q  A  S  E  W  R
O  X  Ł  A  E  R  C  B  N  T  V  K  A  O
T  L  F  G  Z  R  I  F  Z  M  K  S  T  N
N  V  A  I  J  S  T  A  R  S  O  T  P  A
E  M  F  C  A  C  Z  Y  T  E  L  N  I  K
F  P  R  Z  Y  G  O  D  A  R  E  Y  S  T
Q  L  O  N  W  I  E  R  S  Z  K  V  E  B
A  A  Z  Y  E  P  I  C  K  I  C  L  M  Q
W  Y  N  A  L  A  Z  C  Z  Y  J  H  N  V
D  P  P  O  W  I  E  Ś  Ć  G  A  O  Y  R
```

AUTOR	HISTORYCZNY
PRZYGODA	WYNALAZCZY
STRONA	CZYTELNIK
KOLEKCJA	LITERACKI
KONTEKST	POEZJA
DUALIZM	ISTOTNE
EPICKI	POWIEŚĆ
WIERSZ	TRAGICZNY
PISEMNY	HISTORIA

62 - Meer Informatie

```
F O L W O K P L F G G T F R
D U J Y M G X L Q A S E A E
Y S T B Y K I P W L C C N A
S I L U Z J A E U A E H T L
T S R C R B Q J Ń K N N A I
O K O H Ś Y H C K T A O S S
P R B J W U S A O Y R L T T
I A O P I X T T R K I O Y Y
A J T N A K P O Y A U G C C
C N Y H T I S J P C S I Z Z
U Y P L A N E T A I Z A N N
V O W Y R O C Z N I A N Y Y
T A J E M N I C Z Y C Q Y B
W Y I M A G I N O W A N Y O
```

KINO
OGIEŃ
WYIMAGINOWANY
DYSTOPIA
WYBUCH
SKRAJNY
FANTASTYCZNY
FUTURYSTYCZNY
ILUZJA
TAJEMNICZY

WYROCZNIA
PLANETA
REALISTYCZNY
ROBOTY
SCENARIUSZ
GALAKTYKA
TECHNOLOGIA
UTOPIA
ŚWIAT

63 - Regenwoud

```
S  P  O  Ł  E  C  Z  N  O  Ś  Ć  O  K  F
R  B  C  B  I  M  E  C  H  I  I  W  O  N
Ł  Ó  O  U  S  C  P  N  Q  B  V  A  N  A
E  G  Ż  T  G  A  T  U  N  E  K  D  S  T
A  D  M  N  A  H  A  J  I  P  Y  E  U
T  N  B  H  O  N  K  T  O  C  Ł  T  R  R
S  S  A  K  I  R  I  J  T  U  A  B  W  A
C  Ł  L  R  A  Ł  O  C  L  S  Z  J  A  K
C  J  R  C  Z  V  M  D  Z  M  Y  C  C  A
D  Y  Ł  H  L  O  V  O  N  N  G  F  J  Y
K  L  I  M  A  T  Ł  B  J  O  Y  Ł  A  D
G  D  Ż  U  N  G  L  A  Ł  N  Ś  T  J  L
S  C  H  R  O  N  I  E  N  I  E  Ć  S  K
L  K  U  Y  S  Z  A  C  U  N  E  K  J  O
```

PŁAZY   NATURA
KONSERWACJA   SZACUNEK
BOTANICZNY   GATUNEK
RÓŻNORODNOŚĆ   SCHRONIENIE
SPOŁECZNOŚĆ   PTAKI
OWADY   CENNY
DŻUNGLA   CHMURY
KLIMAT   SSAKI
MECH

64 - Haartypes

```
Z  S  J  J  U  G  S  C  Z  A  R  N  Y  V
A  S  Z  T  S  R  E  S  D  Ł  U  G  I  E
C  B  R  A  B  U  Q  K  R  Ó  T  K  I  P
O  Y  B  T  R  B  C  Z  O  B  L  O  G  L
B  L  O  N  D  Y  X  H  W  R  K  L  R  E
Ł  Ł  Y  S  Y  G  R  Ł  Y  Ą  V  O  M  C
Y  M  I  Ę  K  K  I  Q  W  Z  G  R  B  I
S  K  W  X  Q  R  V  B  J  O  E  O  I  O
Z  R  F  X  Q  Y  Ł  X  G  W  R  W  A  N
C  Ę  E  C  I  E  N  K  I  Y  Z  E  Ł  Y
Z  C  V  B  Z  F  A  L  I  S  T  Y  Y  T
Ą  O  T  J  R  P  X  O  P  Z  C  T  M  T
C  N  X  Y  F  O  N  K  J  U  D  U  Y  D
Y  E  U  Y  M  C  D  I  W  E  R  Z  T  Q
```

BLOND	SZARY
BRĄZOWY	ŁYSY
GRUBY	KRÓTKI
SUCHY	LOKI
CIENKI	KRĘCONE
KOLOROWE	DŁUGIE
PLECIONY	BIAŁY
ZDROWY	MIĘKKI
BŁYSZCZĄCY	SREBRO
FALISTY	CZARNY

65 - Gereedschap Voor het Kok

```
T N F L K K T G J N N P H Ł
S E O Z T J A N K P Z G U Y
O P R Ż W Z R E S A H P T Ż
K V Q M Y C K Z Y Z C A D K
O O H N O C A L O D Ó W K A
W H S H H M Z I E Ł T I B O
I X Z V I G E K D O Q D N U
R F T U L W G T I P S E W O
Ó C U W I E K O R A I L K D
W X Ć T O S T E R T T E H B
K L C Z A J N I K K K C C P
A U E Y C W F O N A O N R Z
A P I E K A R N I K Y V F Z
N Ó Ż D U D U R S Z L A K F
```

SZTUĆCE	TARKA
TOSTER	SOKOWIRÓWKA
WIEKO	NOŻYCZKI
PIEC	ŁOPATKA
CZAJNIK	TERMOMETR
LODÓWKA	DURSZLAK
ŁYŻKA	WIDELEC
NÓŻ	SITKO
PIEKARNIK	

66 - Stad

```
K  S  I  Ę  G  A  R  N  I  A  S  P  B  R
K  W  Q  R  E  Q  Y  W  E  S  U  I  I  L
Y  M  I  G  H  U  H  I  E  Q  P  E  B  N
R  S  T  A  D  I  O  N  Q  Z  E  K  L  U
B  V  Z  L  C  R  J  Y  G  K  R  A  I  N
B  J  P  E  I  I  B  R  L  L  M  R  O  I
K  B  P  R  P  L  A  F  L  I  A  N  T  W
A  I  R  I  H  Y  N  R  P  N  R  I  E  E
V  D  N  A  P  Ł  K  A  Z  I  K  A  K  R
E  P  Q  O  H  O  T  E  L  K  E  W  A  S
N  Ł  R  M  U  Z  E  U  M  A  T  O  E  Y
S  K  L  E  P  O  A  P  T  E  K  A  F  T
X  J  F  K  L  O  T  N  I  S  K  O  O  E
S  Z  K  O  Ł  A  R  Y  N  E  K  K  O  T
```

APTEKA	KLINIKA
PIEKARNIA	LOTNISKO
BANK	RYNEK
BIBLIOTEKA	MUZEUM
KINO	SZKOŁA
KWIACIARZ	STADION
KSIĘGARNIA	SUPERMARKET
ZOO	TEATR
GALERIA	UNIWERSYTET
HOTEL	SKLEP

67 - Natuur

```
S  P  P  S  Z  C  Z  O  Ł  Y  A  X  E  A
C  P  I  I  A  G  X  C  F  V  S  C  R  R
H  U  O  Ę  X  N  O  A  V  L  Q  Y  O  K
R  S  T  K  K  N  K  H  I  A  N  G  Z  T
O  T  R  L  O  N  J  T  U  S  I  Y  J  Y
N  Y  O  I  T  J  O  F  U  G  D  D  A  C
I  N  P  F  Z  Q  N  L  L  A  F  Z  T  Z
E  I  I  Y  G  F  M  Y  O  I  R  W  V  N
N  A  K  D  J  V  B  P  D  S  Z  I  A  Y
I  A  A  Z  M  P  P  H  O  T  E  E  U  E
E  X  L  I  Ś  C  I  H  W  O  K  R  Z  M
G  I  N  K  N  Ł  D  H  I  T  A  Z  E  G
Y  M  Y  I  X  S  G  D  E  N  I  Ą  K  Ł
M  P  C  H  M  U  R  Y  C  E  J  T  J  A
```

ARKTYCZNY	RZEKA
PSZCZOŁY	PIĘKNO
LAS	SCHRONIENIE
ZWIERZĄT	SPOKOJNY
EROZJA	TROPIKALNY
LIŚCI	ISTOTNE
LODOWIEC	DZIKI
SANKTUARIUM	PUSTYNIA
KLIFY	CHMURY
MGŁA	

68 - Dinosaurussen

```
E P B P N Y Q B Z D O G O N
R W O T M G B Z A U U A W Ł
O W O T Y I E P Ń Ż F D S D
Z L G L Ę I Y L I Y M B Z I
M Ł R V U Ż Ł I K M A B Y Z
I C O M M C N Z D I M H S H
A D M Ś R U J Y G Ę U R T M
R Y N Y L C M A A S T A K O
T Y Y T C I V Z T O W B O Z
X F B G K B W W U Ż R M Ż H
S R A P T O R Y N E Y K E S
R O Ś L I N O Ż E R N E R P
K Z I E M I A N K C W Y N V
R L S K R Z Y D Ł A Y F Y Q
```

ZIEMIA	WSZYSTKOŻERNY
MIĘSOŻERCA	GAD
OGROMNY	RAPTOR
EWOLUCJA	GATUNEK
DUŻY	OGON
ROZMIAR	ZANIK
ROŚLINOŻERNE	ZŁOŚLIWY
POTĘŻNY	SKRZYDŁA
MAMUT	

69 - Zoogdieren

```
Ż  Y  R  A  F  A  L  D  H  I  U  Z  K  I
Y  F  G  E  Y  B  A  O  R  K  J  H  O  R
F  M  K  S  Q  I  J  P  U  X  Z  W  T  T
M  I  A  O  S  I  O  Ł  C  N  J  P  B  V
A  D  R  Ł  J  R  M  P  D  E  L  F  I  N
J  Z  U  K  P  O  V  I  W  K  O  Ł  Z  W
G  O  R  Y  L  A  T  E  I  A  O  K  R  I
M  B  Y  K  L  E  W  S  E  N  T  O  I  E
B  Ó  N  E  O  A  I  Ł  L  G  W  Z  Ł  L
J  B  X  S  L  J  L  O  O  U  M  A  A  B
L  R  T  J  W  R  K  Ń  R  R  K  D  R  Ł
I  K  R  Ó  L  I  K  L  Y  H  W  P  V  Ą
S  U  G  S  I  S  A  W  B  H  Y  C  W  D
J  K  O  Ń  J  J  M  R  X  G  R  P  T  A
```

MAŁPA	KANGUR
BÓBR	KOT
KOJOT	KRÓLIK
DELFIN	LEW
OSIOŁ	SŁOŃ
KOZA	KOŃ
ŻYRAFA	BYK
GORYL	LIS
PIES	WIELORYB
WIELBŁĄD	WILK

70 - 1 Jaar Geleden

```
H  I  D  N  J  Ł  Q  O  H  P  Z  N  N  I
N  C  J  O  I  L  K  Ł  O  E  A  A  B  N
K  W  C  I  B  E  G  S  J  W  B  M  S  T
O  W  K  R  Ł  R  Z  B  N  N  A  I  W  E
C  Z  Y  S  T  Y  Y  A  Y  I  W  Ę  Y  L
U  R  O  C  Z  Y  A  C  W  Z  N  T  D  I
P  A  C  J  E  N  T  M  I  O  Y  N  A  G
L  J  G  X  E  M  E  Z  I  E  D  Y  J  E
N  I  E  Z  A  L  E  Ż  N  Y  K  N  N  N
D  E  C  Y  D  U  J  Ą  C  Y  S  A  Y  T
K  A  R  T  Y  S  T  Y  C  Z  N  Y  W  N
S  K  R  O  M  N  Y  P  O  M  O  C  N  Y
B  D  H  M  Ą  D  R  Y  N  D  G  U  O  Z
P  R  A  K  T  Y  C  Z  N  Y  N  N  Z  K
```

ARTYSTYCZNY	HOJNY
POMOCNY	INTELIGENTNY
SKROMNY	CIEKAWY
DECYDUJĄCY	NIEZALEŻNY
NIEZAWODNY	PACJENT
UROCZY	PRAKTYCZNY
WYDAJNY	CZYSTY
NAMIĘTNY	MĄDRY
DOBRY	PEWNI
ZABAWNY	

71 - Kampioenschap

```
O D D Y C H A Ć M F A L Y T
T P G Z T F D W I M Y I P P
U U F I N A L I S T A G R Y
R W S P O R T Y T X Z A G K
N Y Z S D C N Ł R S E F V O
I D H M I S T R Z O S T W O
E A B B H G T O Z K P R S Y
J J U P Y F E R P H Ó E Ę Q
X N P L D H F J A O Ł N D M
M O T Y W A C J A T T E Z E
Y Ś K G H T G G J T E R I D
I Ć K D O X T N A M P G A A
Z W Y C I Ę S T W O O B I L
J E B Y B K L A W X C X F A
```

ODDYCHAĆ	SĘDZIA
FINALISTA	SPORTY
GRY	STRATEGIA
MISTRZ	ZESPÓŁ
MISTRZOSTWO	TURNIEJ
LIGA	TRENER
MEDAL	POT
MOTYWACJA	ZWYCIĘSTWO
WYDAJNOŚĆ	

72 - Exploratie

```
I  N  Z  N  Z  Y  L  P  O  D  R  Ó  Ż  T
X  I  W  A  L  V  X  O  G  F  D  J  L  E
A  E  A  I  E  Z  P  D  P  B  A  H  D  R
D  Z  I  A  Ł  A  L  N  O  Ś  Ć  U  E  E
J  N  D  Ł  L  G  T  I  R  M  C  P  T  N
Ę  A  Z  L  P  R  Z  E  S  T  R  Z  E  Ń
Z  N  I  D  N  O  H  C  N  L  W  Y  R  O
Y  Y  K  L  K  Ż  H  E  M  N  I  H  M  D
K  L  I  V  U  E  R  N  L  R  A  I  I  K
N  O  W  Y  L  N  W  I  T  C  Q  J  N  R
P  H  P  R  T  I  Y  E  S  G  D  T  A  Y
D  T  P  Q  U  A  O  D  W  A  G  A  C  C
Z  W  I  E  R  Z  Ą  T  Q  P  W  N  J  I
T  E  Q  B  Y  X  X  N  I  K  J  E  A  E
```

DZIAŁALNOŚĆ	ODKRYCIE
DETERMINACJA	PODNIECENIE
KULTURY	PODRÓŻ
ZWIERZĄT	PRZESTRZEŃ
ZAGROŻENIA	JĘZYK
ODWAGA	TEREN
NOWY	DZIKI
NIEZNANY	

73 - Voertuigen

```
Ś G O Y B K I P S U Y Z F R
Y M G S B T F O A Ł Ó D Ź A
G E I X M G Y C M V T A Ł K
I T F G S Z I I O G A M Q I
P R C I Ł A H Ą L F L B K E
Q O W P R O M G O G F U A T
S K U T E R W O T N T L R A
I A F R K O M I C G W A A U
L M S A L W J M E H C N W T
N C W T R E T T C C Ó S A O
I D W W L R Q A X N X D N B
K G Q A H W R K X X T P A U
E G K H C I Ą G N I K P T S
P Z S Y S I O P O N Y S K Ł
```

AMBULANS   SILNIK
SAMOCHÓD   RAKIETA
OPONY   SKUTER
ŁÓDŹ   TAXI
AUTOBUS   CIĄGNIK
KARAWANA   POCIĄG
ROWER   PROM
ŚMIGŁOWIEC   SAMOLOT
METRO   TRATWA

74 - Geografie

```
V  K  P  Ó  Ł  N  O  C  R  G  Q  A  G  T
A  R  O  P  Z  Q  G  Y  Z  E  O  Y  Ł  G
W  A  Ł  Ó  M  A  P  A  E  R  G  Ó  R  A
Y  J  U  Ł  Q  I  C  W  K  S  T  I  K  L
S  D  D  K  E  Ś  A  H  A  K  E  O  O  R
O  O  N  U  W  W  T  S  Ó  D  R  P  N  N
K  S  I  L  Y  I  L  B  T  D  Y  V  T  W
O  A  K  A  S  A  A  X  I  O  T  B  Y  R
Ś  N  P  D  P  T  S  S  W  Ł  O  A  N  F
Ć  O  C  E  A  N  H  K  L  I  R  M  E  O
C  W  Z  K  P  O  Ł  U  D  N  I  E  N  J
M  O  R  Z  E  W  L  M  F  P  U  Ł  T  R
L  C  Z  Ł  U  Z  U  D  Y  N  M  R  W  E
R  Ó  W  N  I  K  Ł  Ł  P  B  X  F  K  Ł
```

ATLAS	POŁUDNIK
GÓRA	PÓŁNOC
KONTYNENT	OCEAN
WYSPA	REGION
RÓWNIK	RZEKA
TERYTORIUM	MIASTO
PÓŁKULA	ŚWIAT
WYSOKOŚĆ	ZACHÓD
MAPA	MORZE
KRAJ	POŁUDNIE

75 - Kunstbenodigdheden

```
S  T  Ó  Ł  F  V  Z  X  I  G  K  B  Y  L
N  T  X  Ł  C  I  E  P  Ę  D  Z  L  E  X
J  K  F  W  O  Y  K  A  M  E  R  A  E  M
K  R  Z  E  S  Ł  O  P  G  T  Z  P  J  J
G  L  I  N  A  S  H  I  W  O  D  A  Z  X
X  U  H  D  R  O  D  E  Z  Y  U  S  K  K
P  O  M  Y  S  Ł  Y  R  U  F  P  T  O  G
P  L  J  K  A  Ó  A  K  W  A  R  E  L  E
L  E  C  A  A  W  Q  K  H  R  K  L  O  N
K  J  S  O  W  K  G  G  R  B  M  E  R  F
A  P  Ł  Y  D  I  E  G  S  Y  E  Q  Y  Ł
A  T  R  A  M  E  N  T  S  R  L  Q  F  N
K  R  E  A  T  Y  W  N  O  Ś  Ć  X  T  C
J  M  P  J  O  S  Z  T  A  L  U  G  A  W
```

AKRYL	KOLORY
AKWARELE	KLEJ
PĘDZLE	OLEJ
KAMERA	PAPIER
KREATYWNOŚĆ	PASTELE
SZTALUGA	OŁÓWKI
GUMKA	KRZESŁO
POMYSŁY	STÓŁ
ATRAMENT	FARBY
GLINA	WODA

76 - Barbecues

```
D L P S A Ł A T K I N D Z X
B Z X Z O V W Z E W O Z A Q
G R I L L S A I U W Ż I P W
P O M I D O R Y D C E E R C
S D E D O B Z L I E X C O E
F Z M V Z I Y N Y U L I S B
P I G B C A W Ł M Z A C Z U
I N G Ł Ó D A Y O G T K E L
E A L Q X E B I A W O U N E
P S Ó L A F X H H M O R I S
R T N H I G I E Z Q F C E K
Z O Q Q M T N S H I A Z A K
J M F M U Z Y K A B N A Ł I
G O R Ą C Y P Q E J I K O E
```

OBIAD	MUZYKA
RODZINA	PIEPRZ
OWOC	SAŁATKI
GRILL	SOS
WARZYWA	POMIDORY
GORĄCY	CEBULE
GŁÓD	ZAPROSZENIE
DZIECI	WIDELCE
KURCZAK	LATO
NOŻE	SÓL

77 - Wetenschappelijke Discip

```
Ł  M  N  M  P  P  M  N  C  S  K  I  T  K
F  E  E  T  K  U  R  M  J  H  M  M  F  U
I  T  U  L  U  K  X  I  E  K  E  A  O  Ł
Z  E  R  V  P  D  A  N  B  U  K  M  B  T
J  O  O  A  R  C  H  E  O  L  O  G  I  A
O  R  L  Q  O  Y  Z  R  A  J  L  W  O  A
L  O  O  E  B  G  Ł  A  T  A  O  S  C  B
O  L  G  V  O  G  E  L  A  N  G  S  H  I
G  O  I  U  T  S  S  O  X  A  I  X  E  O
I  G  A  P  Y  I  G  G  L  T  A  I  M  L
A  I  Z  A  K  K  A  I  I  O  Ł  O  I  O
G  A  S  D  A  Q  V  A  Y  M  G  K  A  G
M  E  C  H  A  N  I  K  A  I  Y  I  Q  I
R  M  B  O  T  A  N  I  K  A  A  E  A  A
```

ANATOMIA	GEOLOGIA
ARCHEOLOGIA	MECHANIKA
BIOCHEMIA	METEOROLOGIA
BIOLOGIA	MINERALOGIA
CHEMIA	NEUROLOGIA
EKOLOGIA	BOTANIKA
FIZJOLOGIA	ROBOTYKA

78 - Bijvoeglijke Naamwoorden

```
D U M N Y N M I V S Z T A I
I S Ł O N Y O C Y E T R U N
B I M R H G U W R N Ś P T T
S L N M A U G Z Y N W R E E
I N S A H F B O H Y I O N R
C Y V L T V L Y C T E D T E
C S U N U U Z K M Ż U Y S
G T N A X E R P D B Y K C U
Ł W D Z I K I A Ł R M T Z J
O Ó C Z Y S T Y L P O Y N Ą
D R A M A T Y C Z N Y W Y C
N C J J O P I S O W Y N Y Y
Y Z M Ę C Z O N Y Z J Y K K
R Y U T A L E N T O W A N Y
```

AUTENTYCZNY	NOWY
UTALENTOWANY	NORMALNA
OPISOWY	PRODUKTYWNY
TWÓRCZY	SENNY
DRAMATYCZNY	SILNY
ZDROWY	DUMNY
GŁODNY	ŚWIEŻY
INTERESUJĄCY	DZIKI
ZMĘCZONY	SŁONY
NATURALNY	CZYSTY

79 - Kleding

```
F  S  K  A  R  P  E  T  Y  W  Ł  E  E  S
N  H  G  K  K  B  V  M  O  E  E  Ł  Ł  P
Z  A  B  R  A  N  S  O  L  E  T  K  A  Ó
S  Q  S  L  S  P  O  D  N  I  E  O  H  D
K  U  C  Z  U  S  Q  A  Y  B  E  S  F  N
F  A  K  L  Y  O  K  R  B  L  U  Z  A  I
A  K  P  I  B  J  I  K  Ł  N  B  U  T  C
R  U  A  E  E  B  N  C  J  V  Q  L  Y  A
T  R  S  M  L  N  P  I  Ż  A  M  A  S  B
U  T  F  T  Q  U  K  T  K  F  Z  W  Z  I
C  K  Z  Z  N  W  S  A  N  D  A  Ł  Y  T
H  A  G  P  Ł  A  S  Z  C  Z  T  A  Z  P
R  Ę  K  A  W  I  C  Z  K  I  G  S  O  D
D  S  Z  A  L  I  K  S  W  E  T  E  R  Q
```

BRANSOLETKA	PIŻAMA
BLUZA	PAS
SPODNIE	SPÓDNICA
RĘKAWICZKI	SANDAŁY
KAPELUSZ	BUT
PŁASZCZ	FARTUCH
KURTKA	KOSZULA
SUKIENKA	SZALIK
NASZYJNIK	SKARPETY
MODA	SWETER

80 - Vliegtuigen

```
P A L I W O S N B W O D Ó R
R H I S T O R I A U D N W P
O Z A Ł O G A E L A D T C W
J Q B Z Y L O B E N S O M Z
E B K B J C Ą O R D I S W C
K U X M F H H D W S P K S A
T M I P R Z Y G O D A Z D T
P I L O T I N V K W S C W M
W Y S O K O Ś Ć W Ł A E H O
I X Z R B A L O N Z Ż N Z S
P O W I E T R Z E R E Y I F
Z E J Ś C I E W J W R F S E
N Z Q N A W I G O W A Ć N R
T U R B U L E N C J A Z Y A
```

ZEJŚCIE
ATMOSFERA
PRZYGODA
BALON
ZAŁOGA
BUDOWA
PALIWO
HISTORIA
NIEBO
WYSOKOŚĆ

LĄDOWANIE
POWIETRZE
SILNIK
NAWIGOWAĆ
PROJEKT
PASAŻER
PILOT
TURBULENCJA
WODÓR

81 - Herbalisme

```
I  J  M  A  N  W  O  C  Z  O  S  N  E  K
A  A  P  I  E  T  R  U  S  Z  K  A  K  S
R  K  V  M  A  J  E  R  A  N  E  K  U  K
B  O  W  U  M  O  G  Y  B  P  E  E  L  Ł
O  Ś  Z  I  C  W  A  M  A  P  Z  S  I  A
S  Ć  S  M  A  K  N  U  Z  F  I  T  N  D
C  Z  U  T  A  T  O  N  Y  U  C  R  A  N
R  I  A  Q  O  R  B  B  L  Y  I  A  R  I
Y  E  S  F  G  D  Y  Y  I  Y  G  G  N  K
Y  L  N  F  R  M  S  N  A  G  Ł  O  Y  C
U  O  I  V  Ó  A  K  O  P  E  R  N  D  I
L  N  N  K  D  T  N  L  A  W  E  N  D  A
T  Y  M  I  A  N  E  K  G  Z  J  N  N  N
C  R  A  R  O  M  A  T  Y  C  Z  N  Y  V
```

AROMATYCZNY	LAWENDA
BAZYLIA	MAJERANEK
KWIAT	OREGANO
KULINARNY	PIETRUSZKA
KOPER	ROZMARYN
ESTRAGON	SZAFRAN
ZIELONY	SMAK
SKŁADNIK	TYMIANEK
CZOSNEK	OGRÓD
JAKOŚĆ	

82 - Meubels

```
K  H  J  H  H  X  P  Z  K  Ł  O  K  X  L
L  A  M  P  A  N  O  A  P  O  X  U  Q  L
P  M  N  G  O  E  D  S  M  Ó  Ł  I  K  N
J  A  N  A  V  Ł  U  Ł  A  C  Ł  D  X  V
R  K  T  D  P  U  S  O  T  N  I  K  R  D
Ł  Ó  Ż  K  O  A  Z  N  E  T  U  P  I  Y
A  U  F  K  B  J  K  Y  R  C  K  F  G  W
G  F  D  L  N  V  A  B  A  N  U  K  P  A
P  O  D  U  S  Z  K  I  C  Ł  V  O  R  N
H  T  H  S  Y  E  E  U  R  P  T  M  L  L
R  E  F  T  S  W  D  R  E  A  S  O  O  V
R  L  D  R  B  Y  K  K  G  Z  G  D  V  O
F  U  T  O  N  T  U  O  A  D  F  A  X  W
K  R  Z  E  S  Ł  O  L  Ł  W  E  I  G  V
```

KANAPA	HAMAK
ŁÓŻKO	PODUSZKA
REGAŁ	PODUSZKI
BIURKO	LAMPA
KOŁDRY	MATERAC
KOMODA	PÓŁKI
FOTEL	LUSTRO
FUTON	KRZESŁO
ZASŁONY	DYWAN

83 - Piraten

```
U  X  K  S  Ł  M  R  M  I  Q  P  T  J  G
P  Y  O  Q  U  O  I  L  P  Z  A  V  D  X
A  Z  Ł  A  A  G  K  E  D  Q  P  N  M  S
K  Ł  O  C  E  A  N  P  C  V  U  Q  O  J
M  O  Z  O  E  C  E  R  J  Z  G  H  L  Z
W  T  M  K  K  Q  W  Z  A  L  A  J  J  A
H  O  Q  P  Ł  Y  W  Y  S  K  A  R  B  Ł
E  P  V  P  A  N  T  G  K  O  S  U  S  O
F  L  A  G  A  S  V  O  I  T  M  M  L  G
D  W  Y  S  P  A  A  D  N  W  P  A  O  A
L  E  G  E  N  D  A  A  I  I  L  D  P  G
Z  Ł  Y  P  H  M  U  W  A  C  A  R  T  A
K  A  P  I  T  A  N  K  V  A  Ż  C  H  Ł
P  E  Y  B  L  I  Z  N  A  M  A  R  U  I
```

KOTWICA	LEGENDA
PRZYGODA	BLIZNA
ZAŁOGA	OCEAN
WYSPA	PAPUGA
PŁYWY	RUM
ZŁOTO	SKARB
JASKINIA	ZŁY
MAPA	PLAŻA
KAPITAN	FLAGA
KOMPAS	MIECZ

84 - Om in te Vullen

```
P T F Y C N L D B C N A S K
J U S K R Z Y N I A P E Z T
C D D Y L R R W C K O R U A
V W S E H D J K R D V U F C
A A W W Ł D H X B F L R L A
Ł Z A M R K K H E Q W A A D
F O L D E R O X C P B B D W
B N I X O K O S Z Ł V U A I
A E Z M L A O N K T N T B A
S W K Q S R O P A K I E T D
E Ł A Q K T Y G E L B L O R
N E O E M O O X V R C K R O
Z X U I I N P T S U T A B H
Ł K W T K Y L V P U T A A B
```

BASEN	SKRZYNIA
RURA	SZUFLADA
TACA	KOSZ
PUDEŁKO	FOLDER
WIADRO	PAKIET
KOPERTA	SŁOIK
BUTELKA	WAZON
KARTON	BECZKA
WALIZKA	TORBA

85 - Surfen

```
O E Ł T V A P O P O E E G Z
N M P Ł Y W A Ć R I R A F A
P O P U L A R N Y R A S G B
P O L M G X S K R A J N Y A
L C G Y R W I O S Ł O A K W
A E S O Ż O Ł Ą D E K T P A
Ż A M N D F A L A M D L R W
A N M L D A C E D E U E Ę U
C D A X G W Z C C O O T D X
O N F Q S X H Q B V X A K T
P O C Z Ą T K U J Ą C Y O A
U Q I K F I Y N D H H I Ś G
Z M I S T R Z L C G Q C Ć J
B I B B I V L T P L G Z H R
```

ATLETA
POCZĄTKUJĄCY
SKRAJNY
FALA
MISTRZ
SIŁA
ŻOŁĄDEK
TŁUMY
OCEAN
WIOSŁO

ZABAWA
POPULARNY
RAFA
PIANKA
PRĘDKOŚĆ
STYL
PLAŻA
POGODA
PŁYWAĆ

86 - Rijden

```
H A M U L C E R C Q J E P K
J S S V A O M L T G N W A V
K A I B U I D K T U N E L V
W M A P A W Y P A D E K I M
C O P R U C H D R O G O W Y
P C O S D L G P U I S E O M
R H L I R I I A I U Q I Ł O
Ę Ó I L O C C C R E H V W T
D D C N G E D P A A S Q N O
K Q J I A N Y G P U Ż Z B C
O X A K P C U C U M Q S Y Y
Ś M Y C I J A U T O B U S K
Ć N Z T R A N S P O R T B L
G A Z Z C I Ę Ż A R Ó W K A
```

SAMOCHÓD	POLICJA
PALIWO	HAMULCE
AUTOBUS	PRĘDKOŚĆ
GARAŻ	ULICA
GAZ	TUNEL
MAPA	RUCH DROGOWY
LICENCJA	TRANSPORT
SILNIK	PIESZY
MOTOCYKL	CIĘŻARÓWKA
WYPADEK	DROGA

87 - Wetenschap

```
S  A  Y  H  T  W  R  E  W  M  L  D  T  W
C  Z  Ą  S  T  K  I  K  D  I  E  P  L  D
Z  A  U  C  W  Q  H  S  I  N  Ł  O  J  A
M  V  E  Z  T  D  I  P  I  E  C  V  A  N
F  E  F  A  K  T  P  E  S  R  Y  G  E  E
I  W  T  U  Ł  H  O  R  G  A  N  I  Z  M
Z  O  A  O  B  I  T  Y  H  Ł  M  X  G  X
Y  L  S  T  D  V  E  M  H  Y  J  Q  H  W
K  U  D  C  O  A  Z  E  R  B  Y  Ł  N  S
A  C  S  V  R  M  A  N  K  L  I  M  A  T
A  J  D  N  F  R  T  T  U  D  K  F  T  Ł
L  A  B  O  R  A  T  O  R  I  U  M  U  D
C  H  E  M  I  C  Z  N  Y  M  Q  X  R  C
N  A  U  K  O  W  I  E  C  P  C  W  A  N
```

ATOM	KLIMAT
CHEMICZNY	LABORATORIUM
CZĄSTKI	METODA
EWOLUCJA	MINERAŁY
EKSPERYMENT	NATURA
FAKT	FIZYKA
DANE	ORGANIZM
HIPOTEZA	NAUKOWIEC

88 - Speelgoed

```
W P S U U V U P U Z Z L E X
Y O A T Z S U L D U E Z V I
O C M E C Ł A V U R O W E R
B I O C V Ł H M J B Ę B N Y
R Ą L G R Y D A O R I G Y N
A G O S Z A C H Y C O O J Y
Ź L T O E P I Ł K A H B N H
N A U X M Y Ł Y S R Z Ó O Y
I L U Y I F V M I X S S D T
A K G H O F N N Ą Ł Ó D Ź F
Q A Q F S A S Q Ż B J G Q F
J E G S Ł R O D K P Ł F W Q
B K K H A B G I I S Q N G W
G L I N A Y L A T A W I E C
```

RZEMIOSŁA	LALKA
SAMOCHÓD	PUZZLE
PIŁKA	ROBOT
KSIĄŻKI	SZACHY
ŁÓDŹ	POCIĄG
BĘBNY	WYOBRAŹNIA
ULUBIONY	FARBY
ROWER	LATAWIEC
GRY	SAMOLOT
GLINA	

89 - Muziekinstrumenten

```
R W R Y B P P E R K U S J A
O W W W Ę A U T R Ą B K A Q
F L E T B A D Z N K T C M G
I A T Z E G X Z O B Ó J Q M
J G G O N G T N G N I V P P
K I E O K L A R N E T I F I
S T L H T X M M A R I M B A
H A R F A Q B G N X Ł Y A N
H R K G B Z U K D P H Z N I
B A C S H Q R U E Ł Q G J N
D Z H V O N Y G O N G M O O
R O K W Ł F N V Y A U Y Z F
U Ł W I O L O N C Z E L A A
Z R W O W M A N D O L I N A
```

BANJO	MANDOLINA
WIOLONCZELA	MARIMBA
FAGOT	PERKUSJA
FLET	PIANINO
GITARA	SAKSOFON
GONG	TAMBURYN
HARFA	PUZON
OBÓJ	BĘBEN
KLARNET	TRĄBKA

90 - Activiteiten en Vrije Ti

```
S Z T U K A B B K Y O P Ł P
S U R F I N G A E P D I O O
I F U T K C W S M Ł P Ł W D
A A V N O W V E P Y R K O R
T E N I S Ę G B I W Ę A G Ó
K P U V Z D O A N Ę Ż N R Ż
Ó Ł R U Y K L L G D A O O I
W Y K O A F L X R J Ż D Y
K W O H Ó R K I W Ó Ą N N A
A A W O W S M A I W C A I F
U N A B K T H R Ł K Y Y C C
X I N B A W Y Ś C I G I T L
G E I Y B O K S X X E S W Ł
O B E C M A L A R S T W O V
```

KOSZYKÓWKA	WYŚCIGI
BOKS	PODRÓŻ
NURKOWANIE	MALARSTWO
GOLF	SURFING
WĘDKARSTWO	TENIS
HOBBY	OGRODNICTWO
BASEBALL	PIŁKA NOŻNA
KEMPING	SIATKÓWKA
SZTUKA	WĘDRÓWKI
ODPRĘŻAJĄCY	PŁYWANIE

91 - Water

```
W  U  H  Ł  H  J  K  D  E  N  G  X  Z  G
I  I  V  D  Z  U  L  S  I  W  E  B  P  Q
L  B  L  F  E  V  R  N  Ł  C  J  W  R  D
G  C  Ó  G  A  S  F  A  L  E  Z  I  Y  N
O  S  D  M  O  S  Z  F  G  P  E  L  S  A
T  M  R  Ó  Z  Ć  J  C  U  A  R  G  Z  W
N  O  X  K  A  N  A  Ł  Z  R  N  O  N  A
O  N  J  E  Z  I  O  R  O  O  P  T  I  D
Ś  S  P  Ś  O  C  E  A  N  W  A  N  C  N
Ć  U  O  N  U  R  Z  E  K  A  R  Y  H  I
D  N  W  I  A  U  V  O  C  N  O  L  U  A
E  Z  Ó  E  I  G  F  W  S  I  W  W  Z  N
N  U  D  G  S  D  M  K  R  E  Y  N  W  I
S  G  Ź  W  I  O  N  H  K  T  T  Ł  U  E
```

PRYSZNIC   POWÓDŹ
GEJZER   DESZCZ
FALE   RZEKA
LÓD   ŚNIEG
NAWADNIANIE   PAROWY
KANAŁ   PAROWANIE
JEZIORO   WILGOĆ
MONSUN   WILGOTNY
OCEAN   WILGOTNOŚĆ
HURAGAN   MRÓZ

92 - Schaken

```
O T H W V P L D C Ł V T P I
S L W Y U U C Ł Y D K I R C
T T G Z M N B I E R N Y Z P
U G R W I K I R E F Z P E O
R J K A S T A K R I F J K Ś
N O Y N T Y Ł M R D T O Ą W
I Y L I R E Y U Ł Ó G K T I
E D W A Z G G A Z C L R N Ę
J Z A S A D Y I N Z N Ó A C
C Z A R N Y G E A A P L I E
G R A C Z F A O T S E O V N
Z O W Z S P R Y T N Y W V I
K O N K U R S M H C H A H E
P R Z E C I W N I K Y P D P
```

PRZEKĄTNA   GRACZ
MISTRZ   STRATEGIA
KRÓL   PRZECIWNIK
KRÓLOWA   CZAS
POŚWIĘCENIE   TURNIEJ
BIERNY   WYZWANIA
PUNKTY   KONKURS
ZASADY   BIAŁY
SPRYTNY   CZARNY
GRA

93 - Boerderij #1

```
Ł C I E L Ę E Y J Z A Z M D
I P L E B S P R I S Z W O F
K U R C Z A K H Ł R Q D G Q
R O L N I C T W O Y I Ł R D
S C T E M H C F Ł Ż A Z O H
A C P L E Ł K Q G C N A D V
K W O U O W R O N A A F Z S
O O L E R C O Ś A O S V E K
Z D E D L V W N W S I A N O
A A V R X F A V Ó I O X I Ń
I T M X C N R K Z O N M E T
F B A P S Z C Z O Ł A I G S
D Z P I E S H N R H G Ó A X
K L I F H J C W P E Q D R P
```

PSZCZOŁA	KROWA
OSIOŁ	WRONA
KOZA	ROLNICTWO
OGRODZENIE	NAWÓZ
PIES	KOŃ
MIÓD	RYŻ
SIANO	ŚWINIA
CIELĘ	POLE
KOT	WODA
KURCZAK	NASIONA

94 - Huis

```
O G R O D Z E N I E L M E Y
O P L L U U E B S K U I O E
O S E V G S P N D Q S O G N
M E B L E U Ł I Y T T T R S
V X I U N F L Ł W M R Ł Ó Y
I T B H P I C C A N O A D P
Y O L X M T K D N O I Z E I
G S I L A M P A X Z B C D A
N X O P O K Ó J K G E L A L
X L T D R Z W I Z O A K C N
C P E Ś C I A N A X M R H I
R T K O M I N E K X W I A A
V C A P R Y S Z N I C X N Ż
K U C H N I A U I W Y R J T
```

MIOTŁA	KUCHNIA
BIBLIOTEKA	LAMPA
DACH	MEBLE
DRZWI	ŚCIANA
PRYSZNIC	SUFIT
GARAŻ	KOMIN
KOMINEK	SYPIALNIA
OGRODZENIE	LUSTRO
POKÓJ	DYWAN
PIWNICA	OGRÓD

95 - Kleuren

```
F U K S J A S N O X S W C Y
N A M Y E E Z J D B E A S Y
B I A Ł Y G A K N M P E Y L
R N E Q K C R N G L I J C A
Ą D Ż B Z C Y J A N A J Z Z
Z Y Ó F I O L E T O W Y E U
O G Ł T E E Ł C T X R W R R
W O T Ł L T S S Z H O J W B
Y H Y A O S V K G A X T O E
M A G E N T A M I M R D N Ż
M S J S Y D K V G W L N Y O
H G U B M U R Ó Ż O W Y Y W
P O M A R A Ń C Z O W Y T Y
X R J B P I C Q U U R U R T
```

LAZUR
BEŻOWY
NIEBIESKI
BRĄZOWY
CYJAN
FUKSJA
ŻÓŁTY
SZARY
ZIELONY

INDYGO
MAGENTA
POMARAŃCZOWY
FIOLETOWY
CZERWONY
RÓŻOWY
SEPIA
BIAŁY
CZARNY

96 - Verjaardag

```
S P E C J A L N Y W S U P I
U Z U G I Ł K A R T Y R I R
R A C D Z I E Ń G C Y O O O
O B Z Z S T A R S Z E C S K
D A A D Ę M R N S S V Z E K
Z W S Y T Ś W I E C E Y N A
O A R O P X L R S Z G S K L
N Ł G S K C V I U B L T A E
Y M Ą D R O Ś Ć W G M O J N
M P Ł T A M Ł O D Y P Ś T D
P R Z Y J A C I E L E Ć E A
B Y J C P R E Z E N T K D R
W S P O M N I E N I A A I Z
N T R Ł C I A S T O M W D V
```

CIASTO   KALENDARZ
DZIEŃ   PIOSENKA
URODZONY   STARSZE
SZCZĘŚLIWY   ZABAWA
PREZENT   SPECJALNY
WSPOMNIENIA   CZAS
ROK   UROCZYSTOŚĆ
MŁODY   PRZYJACIELE
ŚWIECE   MĄDROŚĆ
KARTY

97 - Getallen

```
Q  A  E  Z  E  X  G  F  C  Z  T  E  R  Y
H  I  X  L  U  K  H  G  S  I  E  D  E  M
D  W  A  N  A  Ś  C  I  E  S  U  R  S  S
V  W  W  R  B  P  G  F  O  Z  I  S  O  Z
X  X  A  Ł  R  W  V  I  S  E  Ł  D  Y  E
Q  J  Y  Ł  A  L  T  G  I  Ś  S  F  D  S
R  E  Q  L  V  K  X  S  E  Ć  D  V  Z  N
W  D  L  Y  Q  N  O  M  M  C  Z  Q  I  A
T  E  T  R  Z  Y  N  A  Ś  C  I  E  E  Ś
R  N  O  L  Y  A  U  U  J  J  E  F  W  C
C  E  A  V  T  J  V  S  Y  B  S  V  I  I
J  C  Z  T  E  R  N  A  Ś  C  I  E  Ę  E
P  I  Ę  Ć  T  I  Z  V  P  X  Ę  E  Ć  H
M  A  T  E  M  A  T  Y  K  A  Ć  W  P  H
```

OSIEM	DWA
TRZYNAŚCIE	CZTERNAŚCIE
TRZY	CZTERY
JEDEN	PIĘĆ
DZIEWIĘĆ	MATEMATYKA
ZERO	SZEŚĆ
DZIESIĘĆ	SZESNAŚCIE
DWANAŚCIE	SIEDEM

98 - Boerderij #2

```
P W I A T R A K O W C E N P
K S A D E P S C B W U Ł X A
A U Z S T O D O Ł A O W Q S
C Y K E Z Z R D Ł B B C N T
Z F R U N O L L T M L L M E
K B G J R I J A G N I Ę U R
A M K Ę U Y C M L E K O L Z
Q X R C Z M D A Ł T Y I H R
W A R Z Y W O Z H V Q Y U O
K K S M J B K B A Z N V I L
R R C I Ą G N I K Ł Ą K A N
Z W I E R Z Ą T U N Ł C M I
O A T Ń G A E R W Ł G G M K
T C C N A W A D N I A N I E
```

UL	JAGNIĘ
ROLNIK	LAMA
SAD	KUKURYDZA
ZWIERZĄT	MLEKO
KACZKA	OWCE
OWOC	STODOŁA
JĘCZMIEŃ	PSZENICA
WARZYWO	CIĄGNIK
PASTERZ	ŁĄKA
NAWADNIANIE	WIATRAK

99 - Voeding

```
W D R F L G J A D A L N Y A
W I S O S O Q Y Q D Ł G T P
Ę E T H P R Z Y P R A W Y E
G T O A S Z D R O W I E F T
L A K P M K A L O R I E E Y
O G S Ł A I R T F O U Y R T
W Y Y Y K S N H X Ł V Y M R
O X N N R B I A Ł K A Z E A
D P A Y J A K O Ś Ć G D N W
A X Ł E H V P N I J A R T I
N U Y B L Z V M Y F V O A E
Y J K N H S I T W N N W C N
Z R Ó W N O W A Ż O N Y J I
W A G A B M T Y R G G W A E
```

GORZKI	ZDROWIE
KALORIE	WĘGLOWODANY
DIETA	JAKOŚĆ
JADALNY	SOS
APETYT	SMAK
BIAŁKA	PRZYPRAWY
ZRÓWNOWAŻONY	TRAWIENIE
FERMENTACJA	TOKSYNA
WAGA	WITAMINA
ZDROWY	PŁYNY

1 - Metingen

2 - Keuken

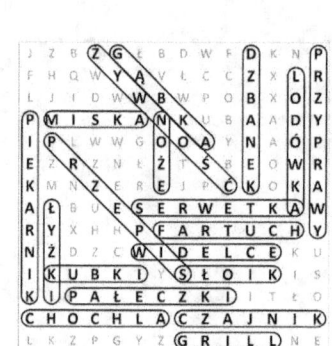

3 - Boten

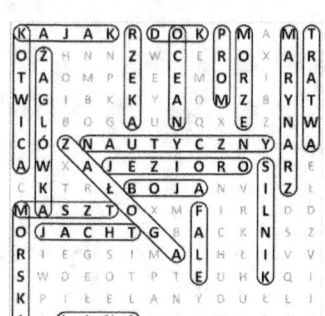

4 - Chocolade

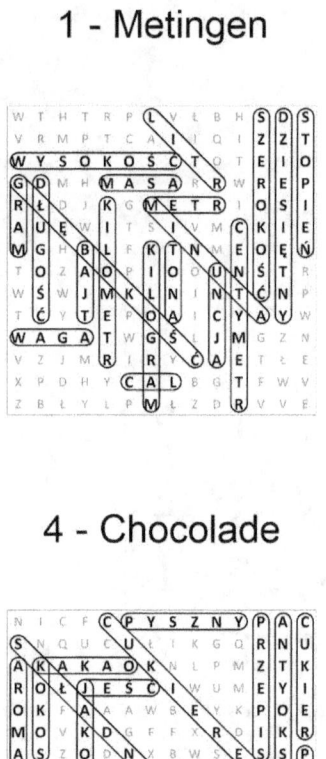

5 - Tijd

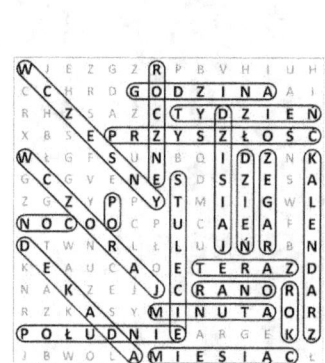

6 - Meditatie

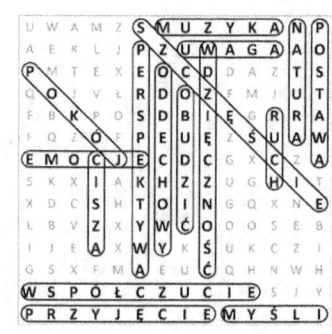

7 - Zomer

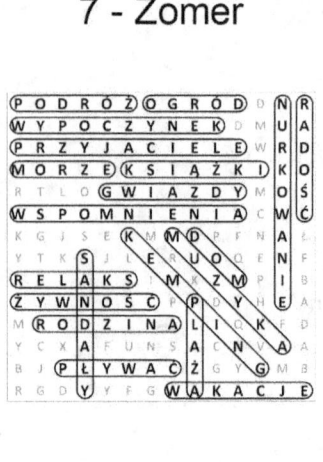

8 - Vogels

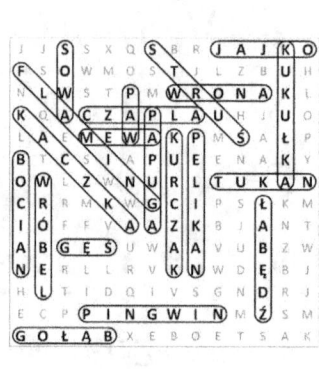

9 - Behoud

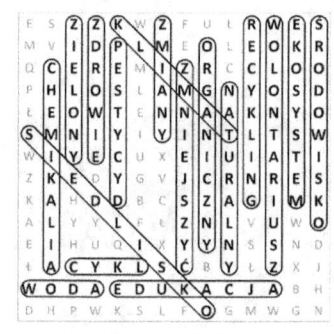

10 - Wiskunde

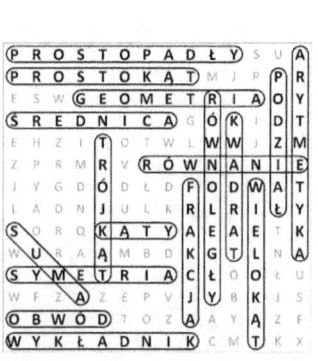

11 - Camping

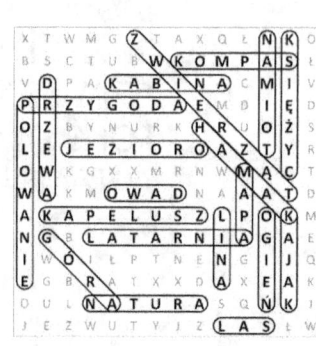

12 - Activiteiten

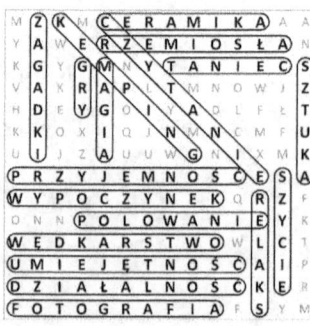

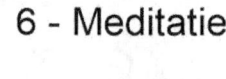

13 - Vormen

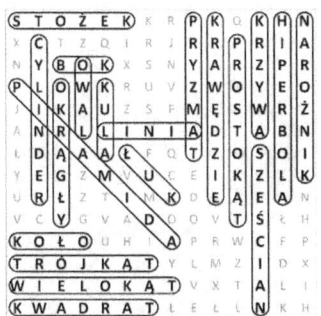

14 - Astronomie

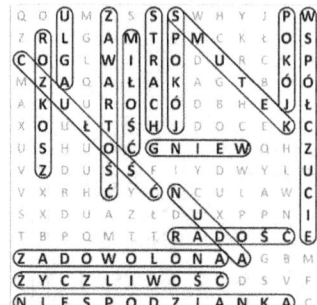

15 - Emoties

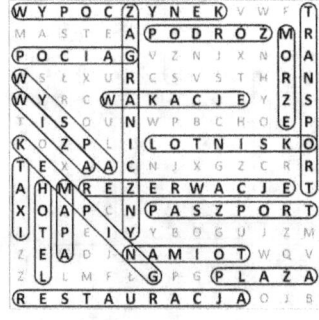

16 - Vakantie #2

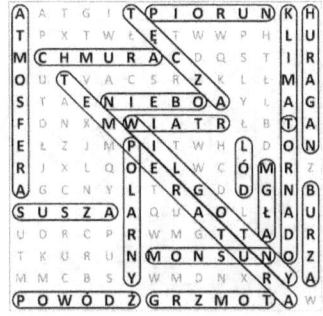

17 - Weersomstandigh

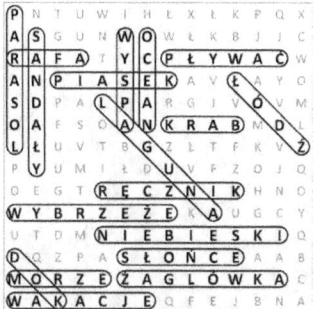

18 - Strand

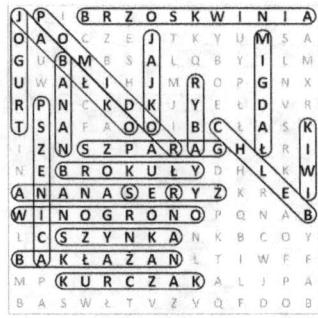

19 - Eten #2

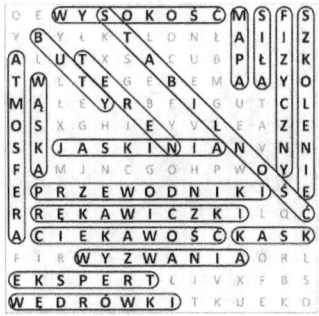

20 - Klimmen

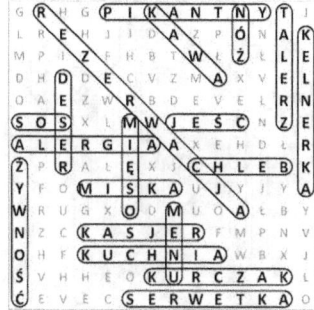

21 - Restaurant #1

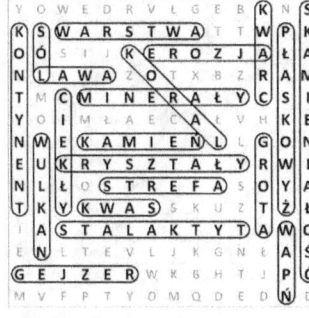

22 - Geologie

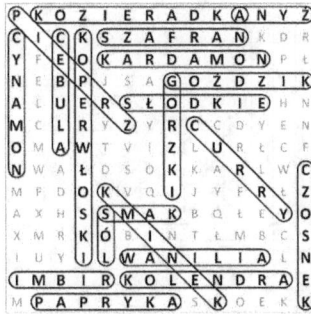

23 - Specerijen

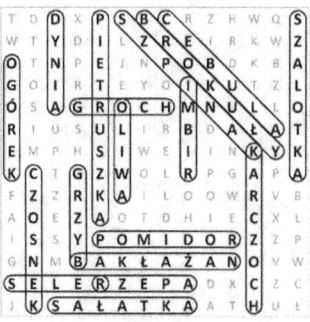

24 - Groenten

25 - Dans

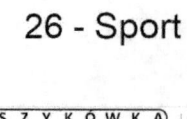

26 - Sport

27 - Mythologie

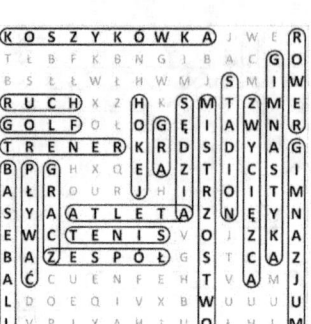
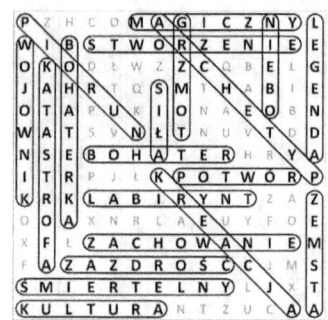

28 - Eten #1

29 - Avontuur

30 - Circus

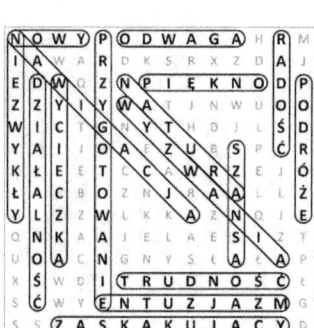
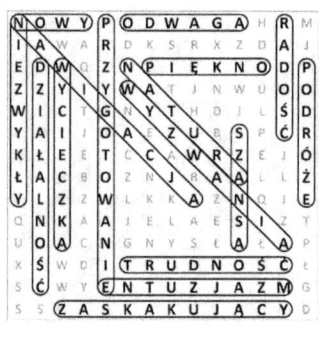
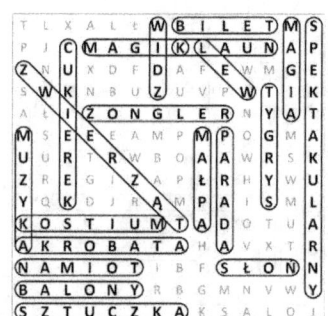

31 - Restaurant #2

32 - Bijen

33 - School #1

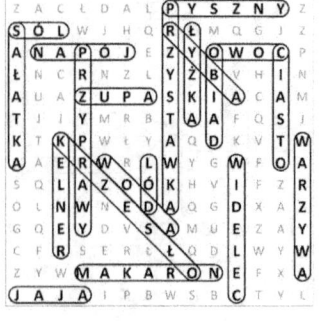
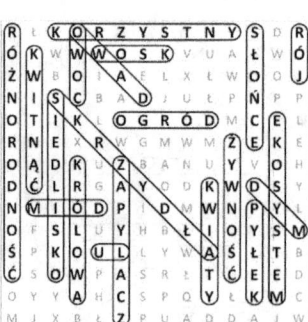
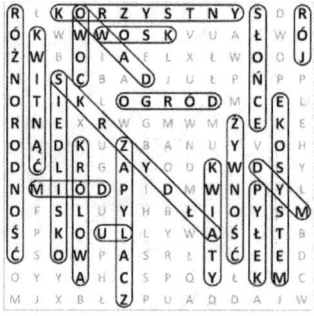

34 - Wandelen

35 - Ecologie

36 - Installaties

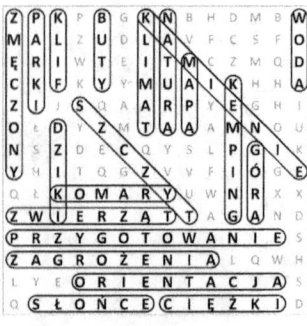
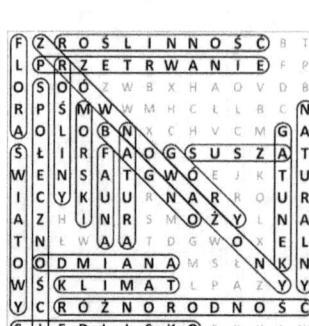
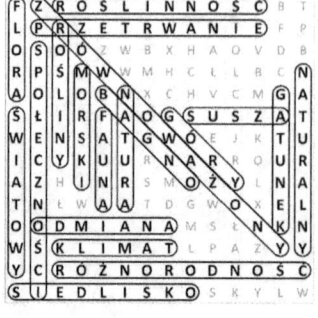
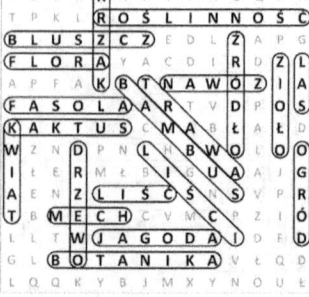

37 - School #2

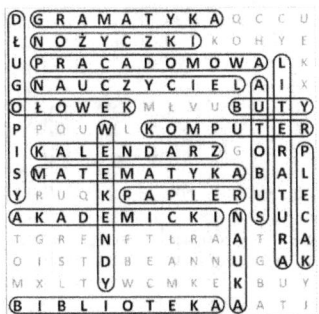

38 - Oceaan

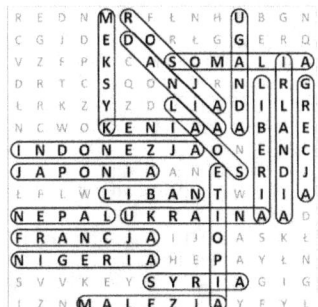

39 - Landen #2

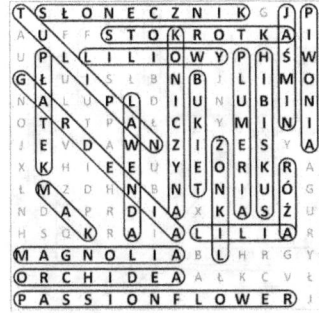

40 - Bloemen

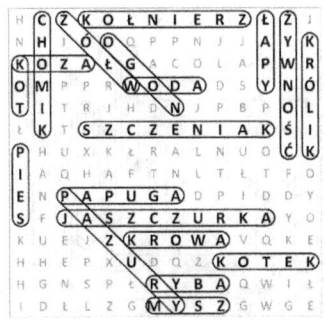

41 - Huisdieren

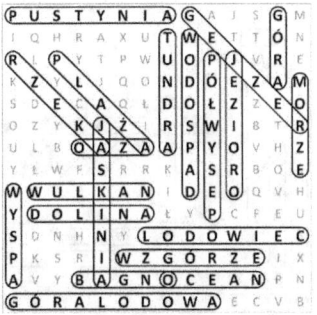

42 - Landschappen

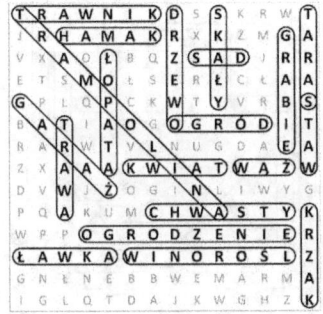

43 - Tuin

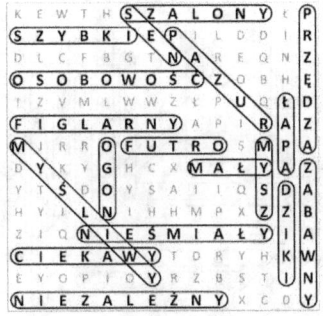

44 - Katten

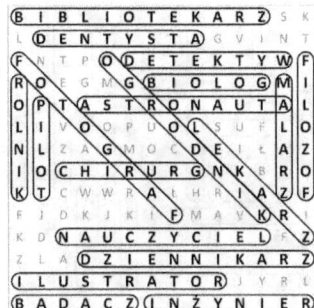

45 - Beroepen #2

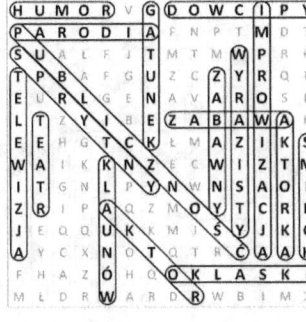

46 - Komedie

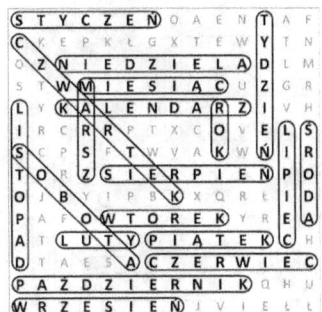

47 - Dagen en Maanden

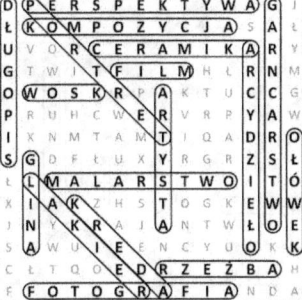

48 - Beeldende Kunsten

49 - Menselijk Lichaam

50 - Familie

51 - Gebouwen

52 - Kunst

53 - Beroepen #1

54 - Kastelen

55 - Insecten

56 - Antarctica

57 - Ballet

58 - Vissen

59 - Fruit

60 - Literatuur

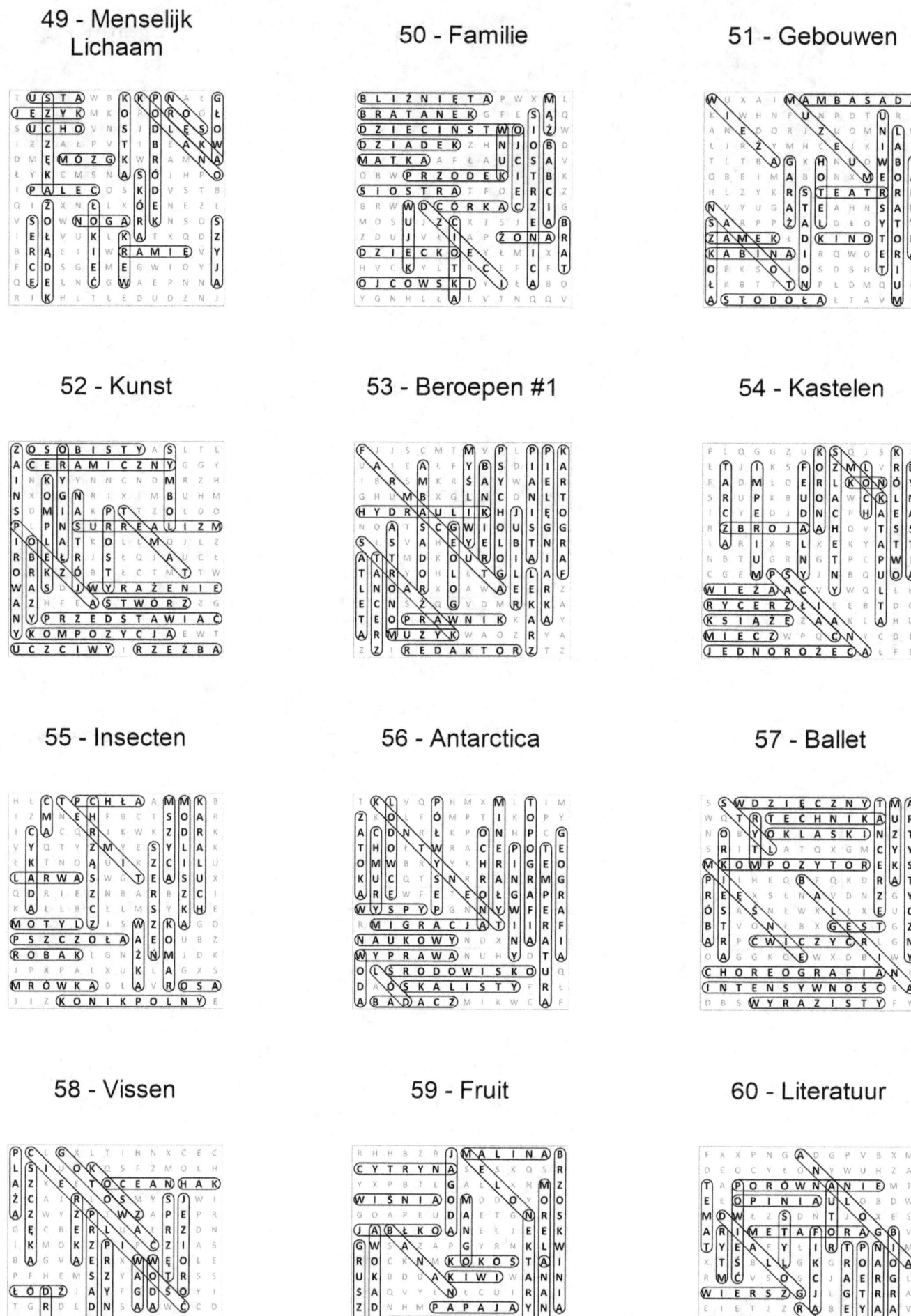

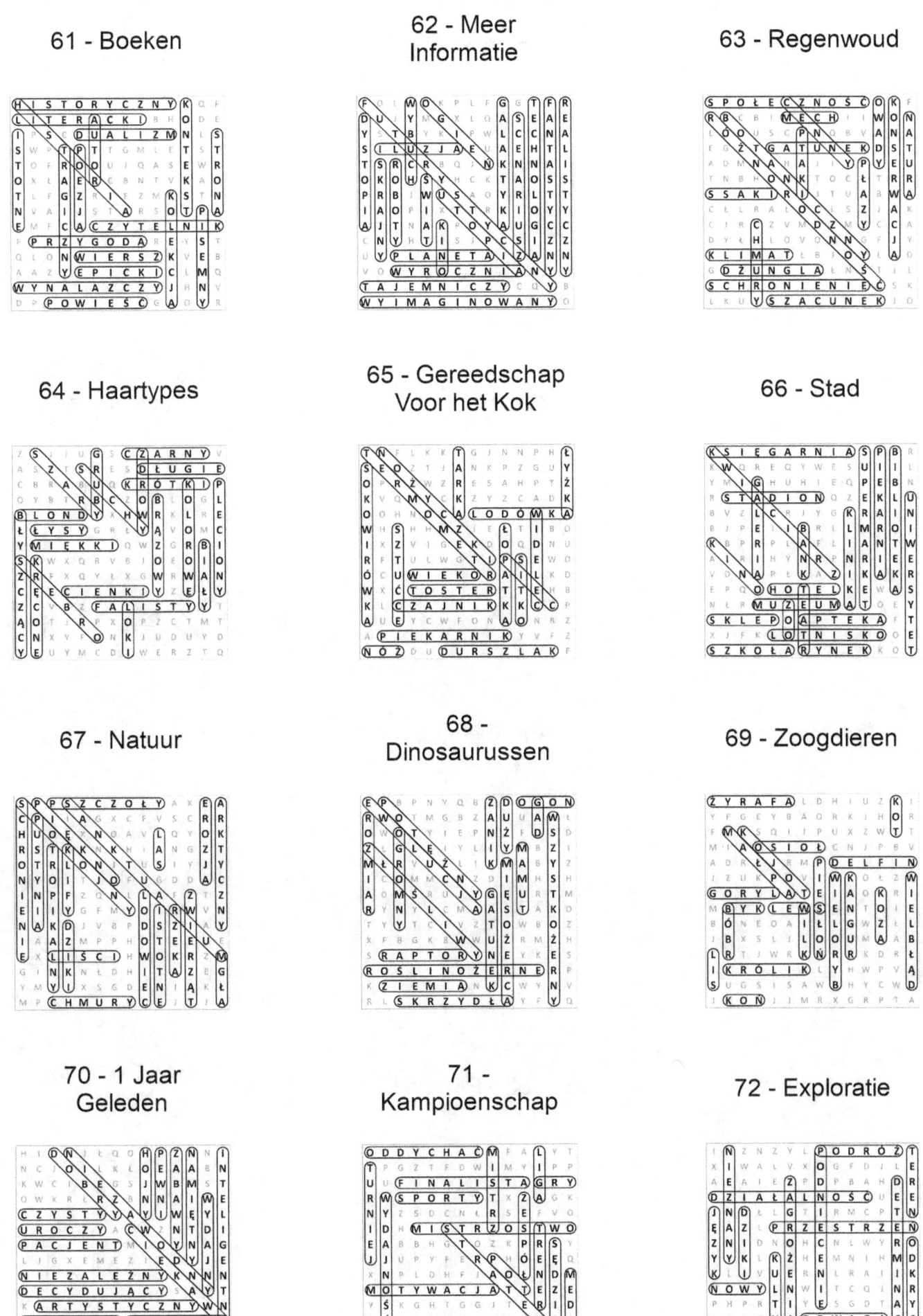

61 - Boeken

62 - Meer Informatie

63 - Regenwoud

64 - Haartypes

65 - Gereedschap Voor het Kok

66 - Stad

67 - Natuur

68 - Dinosaurussen

69 - Zoogdieren

70 - 1 Jaar Geleden

71 - Kampioenschap

72 - Exploratie

73 - Voertuigen

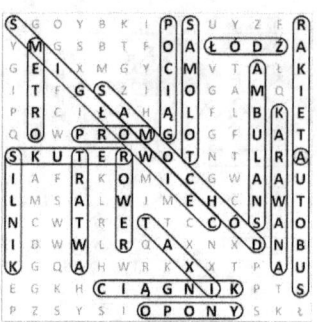

74 - Geografie

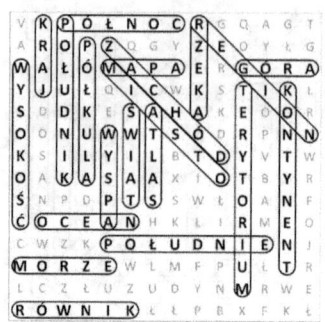

75 - Kunstbenodigdhe

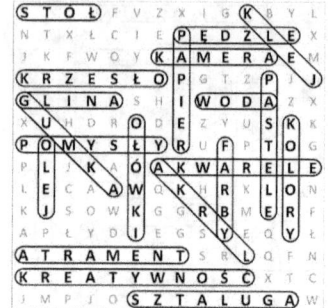

76 - Barbecues

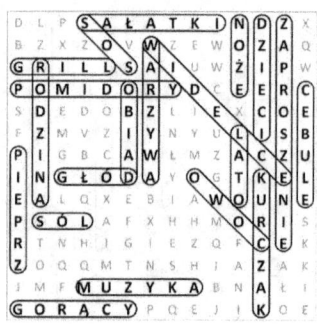

77 - Wetenschappelijk

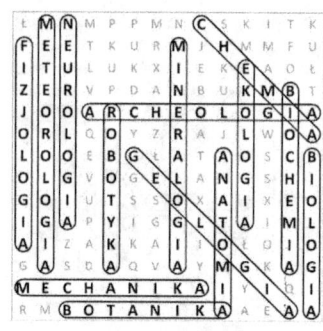

78 - Bijvoeglijke Naamwoorden

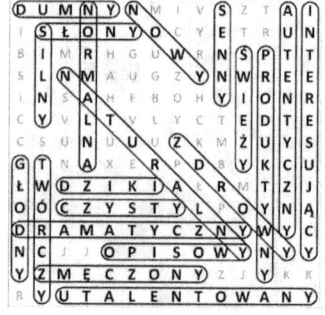

79 - Kleding

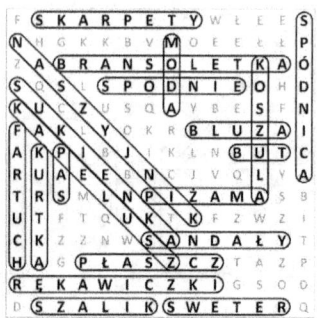

80 - Vliegtuigen

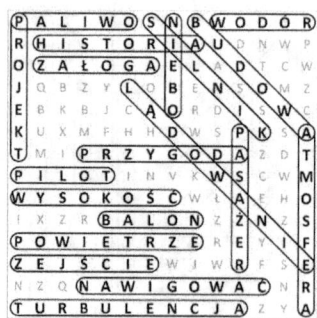

81 - Herbalisme

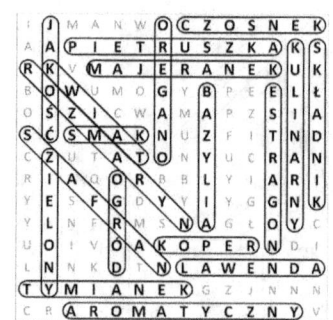

82 - Meubels

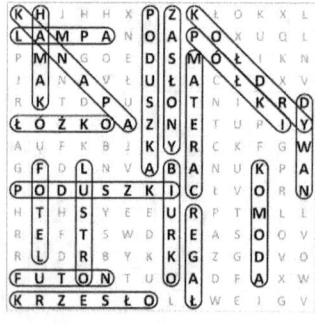

83 - Piraten

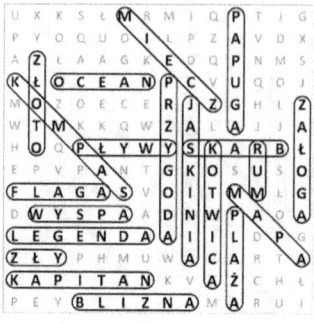

84 - Om in te Vullen

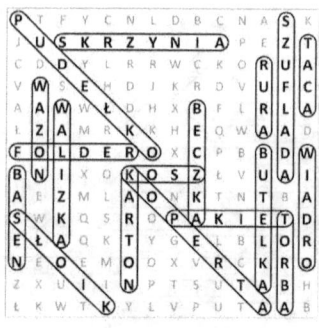

85 - Surfen

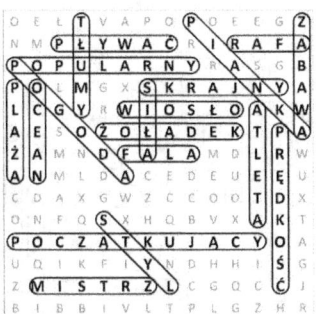

86 - Rijden

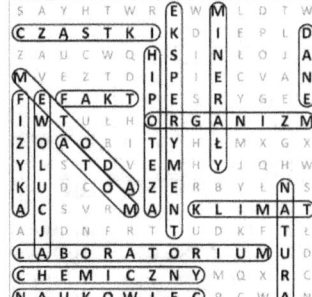

87 - Wetenschap

88 - Speelgoed

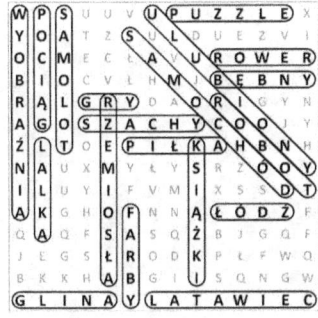

89 - Muziekinstrument

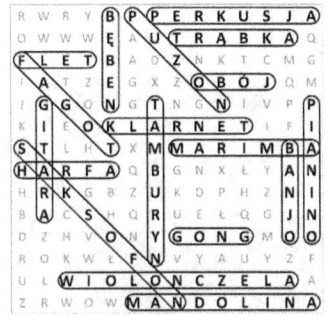

90 - Activiteiten en Vrije Ti

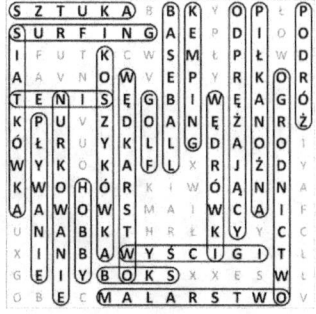

91 - Water

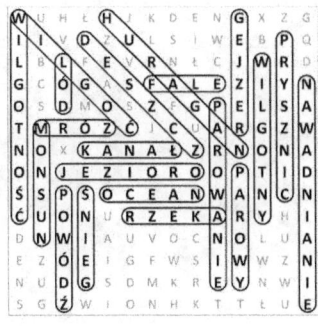

92 - Schaken

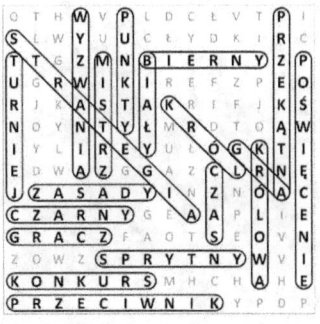

93 - Boerderij #1

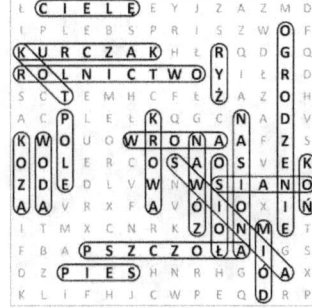

94 - Huis

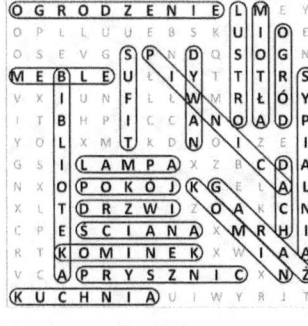

95 - Kleuren

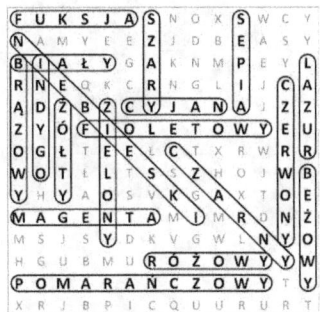

96 - Verjaardag

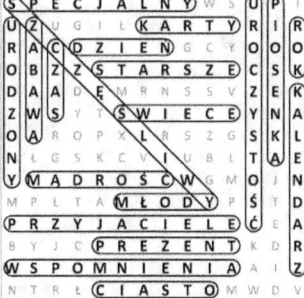

97 - Getallen

98 - Boerderij #2

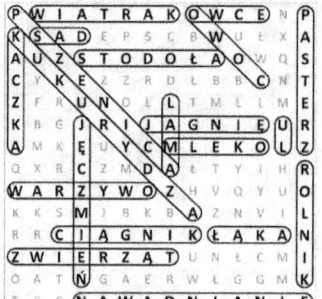

99 - Voeding

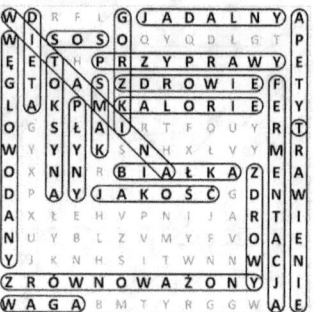

Woordenboek

1 Jaar Geleden
Cnoty # 1

Artistiek	Artystyczny
Behulpzaam	Pomocny
Bescheiden	Skromny
Beslissend	Decydujący
Betrouwbaar	Niezawodny
Charmant	Uroczy
Efficiënt	Wydajny
Gepassioneerd	Namiętny
Goed	Dobry
Grappig	Zabawny
Gul	Hojny
Intelligent	Inteligentny
Nieuwsgierig	Ciekawy
Onafhankelijk	Niezależny
Patiënt	Pacjent
Praktisch	Praktyczny
Schoon	Czysty
Wijs	Mądry
Zelfverzekerd	Pewni

Activiteiten
Działalność

Activiteit	Działalność
Ambachten	Rzemiosła
Dansen	Taniec
Fotografie	Fotografia
Games	Gry
Hengelsport	Wędkarstwo
Jacht	Polowanie
Kamperen	Kemping
Keramiek	Ceramika
Kunst	Sztuka
Lezen	Czytanie
Magie	Magia
Naaien	Szycie
Ontspanning	Relaks
Plezier	Przyjemność
Puzzels	Zagadki
Tuinieren	Ogrodnictwo
Vaardigheid	Umiejętność
Vrije Tijd	Wypoczynek
Wandelen	Wędrówki

Activiteiten en Vrije Ti
Aktywność i Wypoczynek

Basketbal	Koszykówka
Boksen	Boks
Duiken	Nurkowanie
Golf	Golf
Hengelsport	Wędkarstwo
Hobby	Hobby
Honkbal	Baseball
Kamperen	Kemping
Kunst	Sztuka
Ontspannen	Odprężający
Racen	Wyścigi
Reis	Podróż
Schilderij	Malarstwo
Surfen	Surfing
Tennis	Tenis
Tuinieren	Ogrodnictwo
Voetbal	Piłka Nożna
Volleybal	Siatkówka
Wandelen	Wędrówki
Zwemmen	Pływanie

Antarctica
Antarktyda

Baai	Zatoka
Behoud	Ochrona
Continent	Kontynent
Eilanden	Wyspy
Expeditie	Wyprawa
Geografie	Geografia
Gletsjers	Lodowce
Ijs	Lód
Migratie	Migracja
Mineralen	Minerały
Omgeving	Środowisko
Onderzoeker	Badacz
Pinguïn	Pingwiny
Rotsachtig	Skalisty
Schiereiland	Półwysep
Temperatuur	Temperatura
Topografie	Topografia
Water	Woda
Wetenschappelijk	Naukowy
Wolken	Chmury

Astronomie
Astronomia

Aarde	Ziemia
Asteroïde	Asteroida
Astronaut	Astronauta
Astronoom	Astronom
Dierenriem	Zodiak
Equinox	Równonoc
Komeet	Kometa
Kosmos	Kosmos
Maan	Księżyc
Meteoor	Meteor
Nevel	Mgławica
Observatorium	Obserwatorium
Planeet	Planeta
Raket	Rakieta
Satelliet	Satelita
Ster	Gwiazda
Sterrenbeeld	Konstelacja
Telescoop	Teleskop
Universum	Wszechświat
Zwaartekracht	Grawitacja

Avontuur
Przygoda

Activiteit	Działalność
Enthousiasme	Entuzjazm
Excursie	Wycieczka
Gevaarlijk	Niebezpieczny
Kans	Szansa
Moed	Odwaga
Moeilijkheid	Trudność
Natuur	Natura
Navigatie	Nawigacja
Nieuw	Nowy
Ongewoon	Niezwykły
Reizen	Podróże
Schoonheid	Piękno
Uitdagingen	Wyzwania
Verrassend	Zaskakujący
Voorbereiding	Przygotowanie
Vreugde	Radość
Vrienden	Przyjaciele

Ballet
Balet

Applaus	Oklaski
Artistiek	Artystyczny
Ballerina	Balerina
Choreografie	Choreografia
Componist	Kompozytor
Dansers	Tancerze
Expressief	Wyrazisty
Gebaar	Gest
Intensiteit	Intensywność
Muziek	Muzyka
Orkest	Orkiestra
Praktijk	Ćwiczyć
Publiek	Publiczność
Repetitie	Próba
Ritme	Rytm
Sierlijk	Wdzięczny
Spieren	Mięśnie
Stijl	Styl
Techniek	Technika
Vaardigheid	Umiejętność

Barbecues
Grillowanie

Diner	Obiad
Familie	Rodzina
Fruit	Owoc
Grill	Grill
Groente	Warzywa
Heet	Gorący
Honger	Głód
Kinderen	Dzieci
Kip	Kurczak
Messen	Noże
Muziek	Muzyka
Peper	Pieprz
Salades	Sałatki
Saus	Sos
Tomaten	Pomidory
Uien	Cebule
Uitnodiging	Zaproszenie
Vorken	Widelce
Zomer	Lato
Zout	Sól

Beeldende Kunsten
Sztuki Wizualne

Aardewerk	Garncarstwo
Architectuur	Architektura
Artiest	Artysta
Beeldhouwwerk	Rzeźba
Creativiteit	Kreatywność
Ezel	Sztaluga
Film	Film
Foto	Fotografia
Keramiek	Ceramika
Klei	Glina
Krijt	Kreda
Meesterwerk	Arcydzieło
Pen	Długopis
Perspectief	Perspektywa
Portret	Portret
Potlood	Ołówek
Samenstelling	Kompozycja
Schilderij	Malarstwo
Vernis	Lakier
Was	Wosk

Behoud
Ochrona Przyrody

Chemicaliën	Chemikalia
Duurzaam	Zrównoważony
Ecosysteem	Ekosystem
Fiets	Cykl
Gezondheid	Zdrowie
Groen	Zielony
Habitat	Siedlisko
Klimaat	Klimat
Milieu	Środowisko
Natuurlijk	Naturalny
Onderwijs	Edukacja
Organisch	Organiczny
Pesticide	Pestycyd
Recycleren	Recykling
Veranderingen	Zmiany
Verminderen	Zmniejszyć
Vrijwilliger	Wolontariusz
Water	Woda

Beroepen #1
Zawody # 1

Advocaat	Prawnik
Ambassadeur	Ambasador
Apotheker	Farmaceuta
Astronoom	Astronom
Atleet	Atleta
Bankier	Bankier
Brandweerman	Strażak
Cartograaf	Kartograf
Danser	Tancerz
Dokter	Lekarz
Editor	Redaktor
Geoloog	Geolog
Jager	Myśliwy
Juwelier	Jubiler
Loodgieter	Hydraulik
Muzikant	Muzyk
Pianist	Pianista
Psycholoog	Psycholog
Verpleegster	Pielęgniarka
Wetenschapper	Naukowiec

Beroepen #2
Zawody # 2

Arts	Lekarz
Astronaut	Astronauta
Bibliothecaris	Bibliotekarz
Bioloog	Biolog
Boer	Rolnik
Chirurg	Chirurg
Detective	Detektyw
Filosoof	Filozof
Fotograaf	Fotograf
Illustrator	Ilustrator
Ingenieur	Inżynier
Journalist	Dziennikarz
Leraar	Nauczyciel
Linguïst	Językoznawca
Onderzoeker	Badacz
Piloot	Pilot
Schilder	Malarz
Tandarts	Dentysta
Tuinman	Ogrodnik
Uitvinder	Wynalazca

Bijen
Pszczoły

Bestuiver	Zapylacz
Bijenkorf	Ul
Bloemen	Kwiaty
Bloesem	Kwitnąć
Diversiteit	Różnorodność
Ecosysteem	Ekosystem
Fruit	Owoc
Habitat	Siedlisko
Honing	Miód
Insect	Owad
Koningin	Królowa
Rook	Dym
Stuifmeel	Pyłek
Tuin	Ogród
Vleugels	Skrzydła
Voedsel	Żywność
Voordelig	Korzystny
Was	Wosk
Zon	Słońce
Zwerm	Rój

Bijvoeglijke Naamwoorden
Przymiotniki # 1

Aantrekkelijk	Atrakcyjny
Actief	Aktywny
Ambitieus	Ambitny
Aromatisch	Aromatyczny
Artistiek	Artystyczny
Belangrijk	Ważny
Diep	Głęboki
Donker	Ciemny
Dun	Cienki
Eerlijk	Uczciwy
Exotisch	Egzotyczny
Identiek	Identyczny
Jong	Młody
Lang	Długie
Langzaam	Powoli
Modern	Nowoczesny
Onschuldig	Niewinny
Perfect	Doskonały
Waardevol	Cenny
Zwaar	Ciężki

Bijvoeglijke Naamwoorden
Przymiotniki # 2

Authentiek	Autentyczny
Begaafd	Utalentowany
Beschrijvend	Opisowy
Creatief	Twórczy
Dramatisch	Dramatyczny
Gezond	Zdrowy
Hongerig	Głodny
Interessant	Interesujący
Moe	Zmęczony
Natuurlijk	Naturalny
Nieuw	Nowy
Normaal	Normalna
Productief	Produktywny
Slaperig	Senny
Sterk	Silny
Trots	Dumny
Vers	Świeży
Wild	Dziki
Zout	Słony
Zuiver	Czysty

Bloemen
Kwiaty

Bloemblad	Płatek
Boeket	Bukiet
Gardenia	Gardenia
Hibiscus	Hibiskus
Jasmijn	Jaśmin
Klaver	Koniczyna
Lavendel	Lawenda
Lelie	Lilia
Lila	Liliowy
Madeliefje	Stokrotka
Magnolia	Magnolia
Narcis	Żonkil
Orchidee	Orchidea
Papaver	Mak
Passiebloem	Passionflower
Pioenroos	Piwonia
Plumeria	Plumeria
Roos	Róża
Tulp	Tulipan
Zonnebloem	Słonecznik

Boeken
Książki

Auteur	Autor
Avontuur	Przygoda
Bladzijde	Strona
Collectie	Kolekcja
Context	Kontekst
Dualiteit	Dualizm
Episch	Epicki
Gedicht	Wiersz
Geschreven	Pisemny
Historisch	Historyczny
Humoristisch	Humorystyczny
Inventief	Wynalazczy
Lezer	Czytelnik
Literair	Literacki
Poëzie	Poezja
Relevant	Istotne
Roman	Powieść
Tragisch	Tragiczny
Verhaal	Historia
Verteller	Narrator

Boerderij #1
Gospodarstwo #1

Bij	Pszczoła
Ezel	Osioł
Geit	Koza
Hek	Ogrodzenie
Hond	Pies
Honing	Miód
Hooi	Siano
Kalf	Cielę
Kat	Kot
Kip	Kurczak
Koe	Krowa
Kraai	Wrona
Landbouw	Rolnictwo
Mest	Nawóz
Paard	Koń
Rijst	Ryż
Varken	Świnia
Veld	Pole
Water	Woda
Zaden	Nasiona

Boerderij #2
Gospodarstwo #2

Bijenkorf	Ul
Boer	Rolnik
Boomgaard	Sad
Dieren	Zwierząt
Eend	Kaczka
Fruit	Owoc
Gerst	Jęczmień
Groente	Warzywo
Herder	Pasterz
Irrigatie	Nawadnianie
Lam	Jagnię
Lama	Lama
Maïs	Kukurydza
Melk	Mleko
Schaap	Owce
Schuur	Stodoła
Tarwe	Pszenica
Tractor	Ciągnik
Weide	Łąka
Windmolen	Wiatrak

Boten
Łodzie

Anker	Kotwica
Bemanning	Załoga
Boei	Boja
Dok	Dok
Golven	Fale
Jacht	Jacht
Kano	Kajak
Maritiem	Morski
Mast	Maszt
Matroos	Marynarz
Meer	Jezioro
Motor	Silnik
Nautisch	Nautyczny
Oceaan	Ocean
Rivier	Rzeka
Touw	Lina
Veerboot	Prom
Vlot	Tratwa
Zee	Morze
Zeilboot	Żaglówka

Camping
Kemping

Avontuur	Przygoda
Berg	Góra
Bomen	Drzewa
Bos	Las
Brand	Ogień
Cabine	Kabina
Dieren	Zwierząt
Hangmat	Hamak
Hoed	Kapelusz
Insect	Owad
Jacht	Polowanie
Kaart	Mapa
Kano	Kajak
Kompas	Kompas
Lantaarn	Latarnia
Maan	Księżyc
Meer	Jezioro
Natuur	Natura
Tent	Namiot
Touw	Lina

Chocolade
Czekolada

Antioxidant	Antyoksydant
Aroma	Aromat
Bitter	Gorzki
Cacao	Kakao
Calorieën	Kalorie
Eten	Jeść
Exotisch	Egzotyczny
Favoriet	Ulubiony
Heerlijk	Pyszny
Ingrediënt	Składnik
Karamel	Karmel
Kokosnoot	Kokos
Kwaliteit	Jakość
Poeder	Proszek
Recept	Przepis
Smaak	Smak
Snoep	Cukierek
Suiker	Cukier
Zoet	Słodkie

Circus
Cyrk

Aap	Małpa
Acrobaat	Akrobata
Ballonnen	Balony
Clown	Klaun
Dieren	Zwierząt
Goochelaar	Magik
Jongleur	Żongler
Kaartje	Bilet
Kostuum	Kostium
Leeuw	Lew
Magie	Magia
Muziek	Muzyka
Olifant	Słoń
Parade	Parada
Snoep	Cukierek
Spectaculair	Spektakularny
Tent	Namiot
Tijger	Tygrys
Toeschouwer	Widz
Truc	Sztuczka

Dagen en Maanden
Dni i Miesiące

Augustus	Sierpień
Dinsdag	Wtorek
Donderdag	Czwartek
Februari	Luty
Jaar	Rok
Januari	Styczeń
Juli	Lipiec
Juni	Czerwiec
Kalender	Kalendarz
Maand	Miesiąc
Maandag	Poniedziałek
Maart	Marsz
November	Listopad
Oktober	Październik
September	Wrzesień
Vrijdag	Piątek
Week	Tydzień
Woensdag	Środa
Zaterdag	Sobota
Zondag	Niedziela

Dans
Taniec

Academie	Akademia
Beweging	Ruch
Blij	Radosny
Choreografie	Choreografia
Cultureel	Kulturalny
Cultuur	Kultura
Emotie	Emocja
Expressief	Wyrazisty
Genade	Łaska
Houding	Postawa
Klassiek	Klasyczny
Kunst	Sztuka
Lichaam	Ciało
Muziek	Muzyka
Partner	Partner
Repetitie	Próba
Ritme	Rytm
Springen	Skok
Traditioneel	Tradycyjny
Visueel	Wizualny

Dinosaurussen
Dinozaury

Aarde	Ziemia
Carnivoor	Mięsożerca
Enorm	Ogromny
Evolutie	Ewolucja
Groot	Duży
Grootte	Rozmiar
Herbivoor	Roślinożerne
Krachtig	Potężny
Mammoet	Mamut
Omnivoor	Wszystkożerny
Reptiel	Gad
Roofvogel	Raptor
Soort	Gatunek
Staart	Ogon
Verdwijning	Zanik
Vicieuze	Złośliwy
Vleugels	Skrzydła

Ecologie
Ekologia

Bergen	Góry
Diversiteit	Różnorodność
Droogte	Susza
Duurzaam	Zrównoważony
Fauna	Fauna
Flora	Flora
Gemeenschappen	Społeczności
Globaal	Światowy
Habitat	Siedlisko
Klimaat	Klimat
Marinier	Morski
Moeras	Bagno
Natuur	Natura
Natuurlijk	Naturalny
Overleving	Przetrwanie
Planten	Rośliny
Soort	Gatunek
Variëteit	Odmiana
Vegetatie	Roślinność
Vrijwilligers	Wolontariusze

Emoties
Emocji

Angst	Strach
Beschaamd	Zakłopotany
Dankbaar	Wdzięczny
Droefheid	Smutek
Gelukzaligheid	Rozkosz
Inhoud	Zawartość
Liefde	Miłość
Opluchting	Ulga
Rust	Spokój
Sympathie	Współczucie
Tederheid	Czułość
Tevreden	Zadowolona
Verrassing	Niespodzianka
Verveling	Nuda
Vrede	Pokój
Vreugde	Radość
Vriendelijkheid	Życzliwość
Woede	Gniew

Eten #1
Jedzenie # 1

Aardbei	Truskawka
Abrikoos	Morela
Basilicum	Bazylia
Citroen	Cytryna
Gerst	Jęczmień
Kaneel	Cynamon
Knoflook	Czosnek
Melk	Mleko
Peer	Gruszka
Pinda	Arachid
Salade	Sałatka
Sap	Sok
Soep	Zupa
Spinazie	Szpinak
Suiker	Cukier
Tonijn	Tuńczyk
Ui	Cebula
Vlees	Mięso
Wortel	Marchewka
Zout	Sól

Eten #2
Jedzenie # 2

Amandel	Migdał
Ananas	Ananas
Appel	Jabłko
Asperge	Szparag
Aubergine	Bakłażan
Banaan	Banan
Broccoli	Brokuły
Brood	Chleb
Druif	Winogrono
Ei	Jajko
Ham	Szynka
Kaas	Ser
Kip	Kurczak
Kiwi	Kiwi
Perzik	Brzoskwinia
Rijst	Ryż
Tarwe	Pszenica
Tomaat	Pomidor
Vis	Ryba
Yoghurt	Jogurt

Exploratie
Poszukiwania

Activiteit	Działalność
Bepaling	Determinacja
Culturen	Kultury
Dieren	Zwierząt
Gevaarlijk	Niebezpieczny
Gevaren	Zagrożenia
Moed	Odwaga
Nieuw	Nowy
Onbekend	Nieznany
Ontdekking	Odkrycie
Opwinding	Podniecenie
Reis	Podróż
Ruimte	Przestrzeń
Taal	Język
Terrein	Teren
Uitputting	Wyczerpanie
Wild	Dziki

Familie
Rodzina

Broer	Brat
Dochter	Córka
Grootmoeder	Babcia
Jeugd	Dzieciństwo
Kind	Dziecko
Kinderen	Dzieci
Kleinzoon	Wnuk
Man	Mąż
Moeder	Matka
Neef	Bratanek
Nicht	Siostrzenica
Oom	Wujek
Opa	Dziadek
Tante	Ciotka
Tweeling	Bliźnięta
Vader	Ojciec
Vaderlijk	Ojcowski
Voorouder	Przodek
Vrouw	Żona
Zus	Siostra

Fruit
Owoce

Abrikoos	Morela
Ananas	Ananas
Appel	Jabłko
Avocado	Awokado
Banaan	Banan
Bes	Jagoda
Citroen	Cytryna
Druif	Winogrono
Framboos	Malina
Kers	Wiśnia
Kiwi	Kiwi
Kokosnoot	Kokos
Mango	Mango
Meloen	Melon
Nectarine	Nektaryna
Oranje	Pomarańczowy
Papaja	Papaja
Peer	Gruszka
Perzik	Brzoskwinia
Pruim	Śliwka

Gebouwen
Budynek

Ambassade	Ambasada
Appartement	Apartament
Bioscoop	Kino
Cabine	Kabina
Fabriek	Fabryka
Garage	Garaż
Hotel	Hotel
Kasteel	Zamek
Laboratorium	Laboratorium
Museum	Muzeum
Observatorium	Obserwatorium
School	Szkoła
Schuur	Stodoła
Stadion	Stadion
Supermarkt	Supermarket
Tent	Namiot
Theater	Teatr
Toren	Wieża
Universiteit	Uniwersytet
Ziekenhuis	Szpital

Geografie
Geografia

Atlas	Atlas
Berg	Góra
Continent	Kontynent
Eiland	Wyspa
Evenaar	Równik
Grondgebied	Terytorium
Halfrond	Półkula
Hoogte	Wysokość
Kaart	Mapa
Land	Kraj
Meridiaan	Południk
Noorden	Północ
Oceaan	Ocean
Regio	Region
Rivier	Rzeka
Stad	Miasto
Wereld	Świat
Westen	Zachód
Zee	Morze
Zuiden	Południe

Geologie
Geologia

Calcium	Wapń
Continent	Kontynent
Erosie	Erozja
Fossiel	Skamieniałość
Geiser	Gejzer
Gesmolten	Ciekły
Grot	Grota
Koraal	Koral
Kristallen	Kryształy
Kwarts	Kwarc
Laag	Warstwa
Lava	Lawa
Mineralen	Minerały
Plateau	Płaskowyż
Stalactiet	Stalaktyt
Steen	Kamień
Vulkaan	Wulkan
Zone	Strefa
Zout	Sól
Zuur	Kwas

Gereedschap Voor het Kok
Narzędzia do Gotowania

Bestek	Sztućce
Broodrooster	Toster
Deksel	Wieko
Kachel	Piec
Ketel	Czajnik
Koelkast	Lodówka
Lepel	Łyżka
Mes	Nóż
Oven	Piekarnik
Rasp	Tarka
Sapcentrifuge	Sokowirówka
Schaar	Nożyczki
Spatel	Łopatka
Thermometer	Termometr
Vergiet	Durszlak
Vork	Widelec
Zeef	Sitko

Getallen
Liczby

Acht	Osiem
Achttien	Osiemnaście
Dertien	Trzynaście
Drie	Trzy
Een	Jeden
Negen	Dziewięć
Nul	Zero
Tien	Dziesięć
Twaalf	Dwanaście
Twee	Dwa
Twintig	Dwadzieścia
Veertien	Czternaście
Vier	Cztery
Vijf	Pięć
Vijftien	Piętnaście
Wiskunde	Matematyka
Zes	Sześć
Zestien	Szesnaście
Zeven	Siedem
Zeventien	Siedemnaście

Groenten
Warzywa

Artisjok	Karczoch
Aubergine	Bakłażan
Broccoli	Brokuły
Erwt	Groch
Gember	Imbir
Knoflook	Czosnek
Komkommer	Ogórek
Olijf	Oliwa
Paddestoel	Grzyb
Peterselie	Pietruszka
Pompoen	Dynia
Raap	Rzepa
Radijs	Rzodkiewka
Salade	Sałatka
Selderij	Seler
Sjalot	Szalotka
Spinazie	Szpinak
Tomaat	Pomidor
Ui	Cebula
Wortel	Marchewka

Haartypes
Rodzaje Włosów

Blond	Blond
Bruin	Brązowy
Dik	Gruby
Droog	Suchy
Dun	Cienki
Gekleurd	Kolorowe
Gevlochten	Pleciony
Gezond	Zdrowy
Glimmend	Błyszczący
Golvend	Falisty
Grijs	Szary
Kaal	Łysy
Kort	Krótki
Krullen	Loki
Krullend	Kręcone
Lang	Długie
Wit	Biały
Zacht	Miękki
Zilver	Srebro
Zwart	Czarny

Herbalisme
Zielarstwo

Aromatisch	Aromatyczny
Basilicum	Bazylia
Bloem	Kwiat
Culinair	Kulinarny
Dille	Koper
Dragon	Estragon
Groen	Zielony
Ingrediënt	Składnik
Knoflook	Czosnek
Kwaliteit	Jakość
Lavendel	Lawenda
Marjolein	Majeranek
Oregano	Oregano
Peterselie	Pietruszka
Rozemarijn	Rozmaryn
Saffraan	Szafran
Smaak	Smak
Tijm	Tymianek
Tuin	Ogród
Venkel	Koper Włoski

Huis
Dom

Bezem	Miotła
Bibliotheek	Biblioteka
Dak	Dach
Deur	Drzwi
Douche	Prysznic
Garage	Garaż
Haard	Kominek
Hek	Ogrodzenie
Kamer	Pokój
Kelder	Piwnica
Keuken	Kuchnia
Lamp	Lampa
Meubilair	Meble
Muur	Ściana
Plafond	Sufit
Schoorsteen	Komin
Slaapkamer	Sypialnia
Spiegel	Lustro
Tapijt	Dywan
Tuin	Ogród

Huisdieren
Zwierzęta Domowe

Geit	Koza
Hagedis	Jaszczurka
Hamster	Chomik
Hond	Pies
Kat	Kot
Katje	Kotek
Klauwen	Pazury
Koe	Krowa
Konijn	Królik
Kraag	Kołnierz
Muis	Mysz
Papegaai	Papuga
Poten	Łapy
Puppy	Szczeniak
Schildpad	Żółw
Staart	Ogon
Vis	Ryba
Voedsel	Żywność
Water	Woda

Insecten
Owady

Bidsprinkhaan	Modliszka
Bij	Pszczoła
Bladluis	Mszyca
Cicade	Cykada
Horzel	Szerszeń
Kakkerlak	Karaluch
Kever	Chrząszcz
Larve	Larwa
Libel	Ważka
Mier	Mrówka
Mot	Ćma
Mug	Komar
Sprinkhaan	Konik Polny
Termiet	Termit
Vlinder	Motyl
Vlo	Pchła
Wesp	Osa
Worm	Robak

Installaties
Rośliny

Bamboe	Bambus
Bes	Jagoda
Blad	Liść
Bloem	Kwiat
Boom	Drzewo
Boon	Fasola
Bos	Las
Cactus	Kaktus
Flora	Flora
Gebladerte	Liści
Gras	Trawa
Klimop	Bluszcz
Kruid	Zioło
Mest	Nawóz
Mos	Mech
Plantkunde	Botanika
Struik	Krzak
Tuin	Ogród
Vegetatie	Roślinność
Wortel	Źródło

Kampioenschap
Mistrzostwo

Ademen	Oddychać
Finalist	Finalista
Games	Gry
Kampioen	Mistrz
Kampioenschap	Mistrzostwo
Liga	Liga
Medaille	Medal
Motivatie	Motywacja
Prestatie	Wydajność
Rechter	Sędzia
Sport	Sporty
Strategie	Strategia
Team	Zespół
Toernooi	Turniej
Trainer	Trener
Transpiratie	Pot
Zege	Zwycięstwo

Kastelen
Zamki

Draak	Smok
Dynastie	Dynastia
Edele	Szlachetny
Eenhoorn	Jednorożec
Feodaal	Feudalny
Harnas	Zbroja
Katapult	Katapulta
Kerker	Loch
Koninkrijk	Królestwo
Kroon	Korona
Muur	Ściana
Paard	Koń
Paleis	Pałac
Prins	Książę
Prinses	Księżniczka
Ridder	Rycerz
Rijk	Imperium
Schild	Tarcza
Toren	Wieża
Zwaard	Miecz

Katten
Koty

Bont	Futro
Garen	Przędza
Gek	Szalony
Grappig	Zabawny
Jager	Myśliwy
Klauw	Pazur
Klein	Mały
Muis	Mysz
Nieuwsgierig	Ciekawy
Onafhankelijk	Niezależny
Persoonlijkheid	Osobowość
Poot	Łapa
Slaap	Sen
Snel	Szybki
Speels	Figlarny
Staart	Ogon
Verlegen	Nieśmiały
Wild	Dziki

Keuken
Kuchnia

Cup	Kubki
Eetstokjes	Pałeczki
Grill	Grill
Ketel	Czajnik
Koelkast	Lodówka
Kom	Miska
Kruik	Dzbanek
Lepels	Łyżki
Messen	Noże
Oven	Piekarnik
Pollepel	Chochla
Pot	Słoik
Recept	Przepis
Schort	Fartuch
Servet	Serwetka
Specerijen	Przyprawy
Spons	Gąbka
Voedsel	Żywność
Vorken	Widelce
Vriezer	Zamrażarka

Kleding
Ubrania

Armband	Bransoletka
Blouse	Bluza
Broek	Spodnie
Handschoenen	Rękawiczki
Hoed	Kapelusz
Jas	Płaszcz
Jasje	Kurtka
Jurk	Sukienka
Ketting	Naszyjnik
Mode	Moda
Pyjama	Piżama
Riem	Pas
Rok	Spódnica
Sandalen	Sandały
Schoen	But
Schort	Fartuch
Shirt	Koszula
Sjaal	Szalik
Sokken	Skarpety
Trui	Sweter

Kleuren
Zabarwienie

Azuur	Lazur
Beige	Beżowy
Blauw	Niebieski
Bruin	Brązowy
Cyaan	Cyjan
Fuchsia	Fuksja
Geel	Żółty
Grijs	Szary
Groen	Zielony
Indigo	Indygo
Magenta	Magenta
Oranje	Pomarańczowy
Paars	Fioletowy
Rood	Czerwony
Roze	Różowy
Sepia	Sepia
Wit	Biały
Zwart	Czarny

Klimmen
Wspinaczka

Atmosfeer	Atmosfera
Deskundige	Ekspert
Fysiek	Fizyczny
Gidsen	Przewodniki
Grot	Jaskinia
Handschoenen	Rękawiczki
Helm	Kask
Hoogte	Wysokość
Kaart	Mapa
Kracht	Siła
Laarzen	Buty
Nieuwsgierigheid	Ciekawość
Opleiding	Szkolenie
Smal	Wąska
Stabiliteit	Stabilność
Terrein	Teren
Uitdagingen	Wyzwania
Wandelen	Wędrówki

Komedie
Komedia

Acteur	Aktor
Actrice	Aktorka
Applaus	Oklaski
Clowns	Klaunów
Expressief	Wyrazisty
Gelach	Śmiech
Genre	Gatunek
Grappen	Dowcipy
Grappig	Zabawny
Humor	Humor
Improvisatie	Improwizacja
Parodie	Parodia
Plezier	Zabawa
Publiek	Publiczność
Slim	Sprytny
Televisie	Telewizja
Theater	Teatr

Kunst
Sztuka

Beeldhouwwerk	Rzeźba
Complex	Kompleks
Creëren	Stwórz
Eenvoudig	Prosty
Eerlijk	Uczciwy
Geïnspireerd	Zainspirowany
Humeur	Nastrój
Keramisch	Ceramiczny
Onderwerp	Temat
Origineel	Oryginał
Persoonlijk	Osobisty
Poëzie	Poezja
Portretteren	Przedstawiać
Samenstelling	Kompozycja
Schilderijen	Obrazy
Surrealisme	Surrealizm
Symbool	Symbol
Uitdrukking	Wyrażenie
Visueel	Wizualny

Kunstbenodigdheden
Materiały Artystyczne

Acryl	Akryl
Aquarellen	Akwarele
Borstels	Pędzle
Camera	Kamera
Creativiteit	Kreatywność
Ezel	Sztaluga
Gom	Gumka
Ideeën	Pomysły
Inkt	Atrament
Klei	Glina
Kleuren	Kolory
Lijm	Klej
Olie	Olej
Papier	Papier
Pastel	Pastele
Potloden	Ołówki
Stoel	Krzesło
Tafel	Stół
Verf	Farby
Water	Woda

Landen #2
Kraje # 2

Denemarken	Dania
Ethiopië	Etiopia
Frankrijk	Francja
Griekenland	Grecja
Ierland	Irlandia
Indonesië	Indonezja
Japan	Japonia
Kenia	Kenia
Laos	Laos
Libanon	Liban
Liberia	Liberia
Maleisië	Malezja
Mexico	Meksyk
Nepal	Nepal
Nigeria	Nigeria
Oeganda	Uganda
Oekraïne	Ukraina
Rusland	Rosja
Somalië	Somalia
Syrië	Syria

Landschappen
Krajobrazy

Berg	Góra
Eiland	Wyspa
Geiser	Gejzer
Gletsjer	Lodowiec
Grot	Jaskinia
Heuvel	Wzgórze
Ijsberg	Góra Lodowa
Meer	Jezioro
Moeras	Bagno
Oase	Oaza
Oceaan	Ocean
Rivier	Rzeka
Schiereiland	Półwysep
Strand	Plaża
Toendra	Tundra
Vallei	Dolina
Vulkaan	Wulkan
Waterval	Wodospad
Woestijn	Pustynia
Zee	Morze

Literatuur
Literatura

Analogie	Analogia
Analyse	Analiza
Anekdote	Anegdota
Auteur	Autor
Biografie	Biografia
Conclusie	Wniosek
Dialoog	Dialog
Fictie	Fikcja
Gedicht	Wiersz
Mening	Opinia
Metafoor	Metafora
Poëtisch	Poetycki
Rijm	Rym
Ritme	Rytm
Roman	Powieść
Stijl	Styl
Thema	Temat
Tragedie	Tragedia
Vergelijking	Porównanie
Verteller	Narrator

Meditatie
Medytacja

Aandacht	Uwaga
Aanvaarding	Przyjęcie
Ademhaling	Oddechowy
Beweging	Ruch
Dankbaarheid	Wdzięczność
Emoties	Emocje
Gedachten	Myśli
Geluk	Szczęście
Helderheid	Przejrzystość
Houding	Postawa
Mededogen	Współczucie
Mentaal	Psychiczny
Muziek	Muzyka
Natuur	Natura
Observatie	Obserwacja
Perspectief	Perspektywa
Stilte	Cisza
Vrede	Pokój
Vriendelijkheid	Życzliwość
Wakker	Obudzić

Meer Informatie
Fantastyka Naukowa

Bioscoop	Kino
Boeken	Książki
Brand	Ogień
Denkbeeldig	Wyimaginowany
Dystopie	Dystopia
Explosie	Wybuch
Extreem	Skrajny
Fantastisch	Fantastyczny
Futuristisch	Futurystyczny
Illusie	Iluzja
Mysterieus	Tajemniczy
Orakel	Wyrocznia
Planeet	Planeta
Realistisch	Realistyczny
Robots	Roboty
Scenario	Scenariusz
Sterrenstelsel	Galaktyka
Technologie	Technologia
Utopie	Utopia
Wereld	Świat

Menselijk Lichaam
Ciało Ludzkie

Been	Noga
Bloed	Krew
Elleboog	Łokieć
Enkel	Kostka
Hand	Ręka
Hart	Serce
Hersenen	Mózg
Hoofd	Głowa
Huid	Skóra
Kaak	Szczęka
Kin	Podbródek
Knie	Kolano
Maag	Żołądek
Mond	Usta
Nek	Szyja
Neus	Nos
Oor	Ucho
Schouder	Ramię
Tong	Język
Vinger	Palec

Metingen
Pomiary

Breedte	Szerokość
Byte	Bajt
Centimeter	Centymetr
Decimaal	Dziesiętny
Diepte	Głębokość
Gewicht	Waga
Graad	Stopień
Gram	Gram
Hoogte	Wysokość
Inch	Cal
Kilogram	Kilogram
Kilometer	Kilometr
Lengte	Długość
Liter	Litr
Massa	Masa
Meter	Metr
Minuut	Minuta
Ons	Uncja
Ton	Tona
Volume	Objętość

Meubels
Meble

Bank	Kanapa
Bed	Łóżko
Boekenkast	Regał
Bureau	Biurko
Dekbedden	Kołdry
Dressoir	Komoda
Fauteuil	Fotel
Futon	Futon
Gordijnen	Zasłony
Hangmat	Hamak
Kussen	Poduszka
Kussens	Poduszki
Lamp	Lampa
Matras	Materac
Planken	Półki
Spiegel	Lustro
Stoel	Krzesło
Tapijt	Dywan

Muziekinstrumenten
Instrumenty Muzyczne

Banjo	Banjo
Cello	Wiolonczela
Fagot	Fagot
Fluit	Flet
Gitaar	Gitara
Gong	Gong
Harp	Harfa
Hobo	Obój
Klarinet	Klarnet
Mandoline	Mandolina
Marimba	Marimba
Mondharmonica	Harmonijka
Percussie	Perkusja
Piano	Pianino
Saxofoon	Saksofon
Tamboerijn	Tamburyn
Trombone	Puzon
Trommel	Bęben
Trompet	Trąbka
Viool	Skrzypce

Mythologie
Mitologia

Archetype	Archetyp
Bliksem	Piorun
Creatie	Kreacja
Cultuur	Kultura
Donder	Grzmot
Doolhof	Labirynt
Gedrag	Zachowanie
Held	Bohater
Heldin	Bohaterka
Hemel	Niebo
Jaloezie	Zazdrość
Kracht	Siła
Krijger	Wojownik
Legende	Legenda
Magisch	Magiczny
Monster	Potwór
Ramp	Katastrofa
Sterfelijk	Śmiertelny
Wezen	Stworzenie
Wraak	Zemsta

Natuur
Przyroda

Arctisch	Arktyczny
Bijen	Pszczoły
Bos	Las
Dieren	Zwierząt
Dynamisch	Dynamiczny
Erosie	Erozja
Gebladerte	Liści
Gletsjer	Lodowiec
Heiligdom	Sanktuarium
Klippen	Klify
Mist	Mgła
Rivier	Rzeka
Schoonheid	Piękno
Schuilplaats	Schronienie
Sereen	Spokojny
Tropisch	Tropikalny
Vitaal	Istotne
Wild	Dziki
Woestijn	Pustynia
Wolken	Chmury

Oceaan
Ocean

Aal	Węgorz
Algen	Glony
Boot	Łódź
Dolfijn	Delfin
Garnaal	Krewetka
Getijden	Pływy
Haai	Rekin
Koraal	Koral
Krab	Krab
Kwal	Meduza
Octopus	Ośmiornica
Oester	Ostryga
Rif	Rafa
Schildpad	Żółw
Spons	Gąbka
Storm	Burza
Tonijn	Tuńczyk
Vis	Ryba
Walvis	Wieloryb
Zout	Sól

Om in te Vullen
Do Wypełnienia

Bekken	Basen
Buis	Rura
Dienblad	Taca
Doos	Pudełko
Emmer	Wiadro
Envelop	Koperta
Fles	Butelka
Karton	Karton
Koffer	Walizka
Krat	Skrzynia
Lade	Szuflada
Mand	Kosz
Map	Folder
Pakje	Pakiet
Pot	Słoik
Vaas	Wazon
Vat	Beczka
Zak	Torba

Piraten
Piraci

Anker	Kotwica
Avontuur	Przygoda
Bemanning	Załoga
Eiland	Wyspa
Getijden	Pływy
Goud	Złoto
Grot	Jaskinia
Kaart	Mapa
Kapitein	Kapitan
Kompas	Kompas
Legende	Legenda
Litteken	Blizna
Oceaan	Ocean
Papegaai	Papuga
Rum	Rum
Schat	Skarb
Slecht	Zły
Strand	Plaża
Vlag	Flaga
Zwaard	Miecz

Regenwoud
Las Deszczowy

Amfibieën	Płazy
Behoud	Konserwacja
Botanisch	Botaniczny
Diversiteit	Różnorodność
Gemeenschap	Społeczność
Insecten	Owady
Jungle	Dżungla
Klimaat	Klimat
Mos	Mech
Natuur	Natura
Overleving	Przetrwanie
Respect	Szacunek
Soort	Gatunek
Toevlucht	Schronienie
Vogels	Ptaki
Waardevol	Cenny
Wolken	Chmury
Zoogdieren	Ssaki

Restaurant #1
Restauracja # 1

Allergie	Alergia
Bord	Talerz
Brood	Chleb
Eten	Jeść
Ingrediënten	Składniki
Kassier	Kasjer
Keuken	Kuchnia
Kip	Kurczak
Koffie	Kawa
Kom	Miska
Menu	Menu
Mes	Nóż
Pittig	Pikantny
Reservering	Rezerwacja
Saus	Sos
Serveerster	Kelnerka
Servet	Serwetka
Toetje	Deser
Vlees	Mięso
Voedsel	Żywność

Restaurant #2
Restauracja # 2

Cake	Ciasto
Diner	Obiad
Drank	Napój
Eieren	Jaja
Fruit	Owoc
Groente	Warzywa
Heerlijk	Pyszny
Ijs	Lód
Lepel	Łyżka
Noedels	Makaron
Ober	Kelner
Salade	Sałatka
Soep	Zupa
Specerijen	Przyprawy
Stoel	Krzesło
Vis	Ryba
Voorgerecht	Przystawka
Vork	Widelec
Water	Woda
Zout	Sól

Rijden
Prowadzenie Pojazdów

Auto	Samochód
Brandstof	Paliwo
Bus	Autobus
Garage	Garaż
Gas	Gaz
Kaart	Mapa
Licentie	Licencja
Motor	Silnik
Motorfiets	Motocykl
Ongeluk	Wypadek
Politie	Policja
Remmen	Hamulce
Snelheid	Prędkość
Straat	Ulica
Tunnel	Tunel
Verkeer	Ruch Drogowy
Vervoer	Transport
Voetganger	Pieszy
Vrachtauto	Ciężarówka
Weg	Droga

Schaken
Szachy

Diagonaal	Przekątna
Kampioen	Mistrz
Koning	Król
Koningin	Królowa
Offer	Poświęcenie
Passief	Bierny
Punten	Punkty
Reglement	Zasady
Slim	Sprytny
Spel	Gra
Speler	Gracz
Strategie	Strategia
Tegenstander	Przeciwnik
Tijd	Czas
Toernooi	Turniej
Uitdagingen	Wyzwania
Wedstrijd	Konkurs
Wit	Biały
Zwart	Czarny

School #1
Szkoła nr 1

Alfabet	Alfabet
Antwoorden	Odpowiedzi
Bibliotheek	Biblioteka
Boeken	Książki
Bureau	Biurko
Cijfers	Liczby
Examens	Egzaminy
Klaslokaal	Klasa
Leraar	Nauczyciel
Lunch	Obiad
Mappen	Foldery
Markeringen	Markery
Papier	Papier
Pennen	Długopisy
Plezier	Zabawa
Potlood	Ołówek
Quiz	Quiz
Stoel	Krzesło
Vrienden	Przyjaciele
Wiskunde	Matematyka

School #2
Szkoła nr 2

Academisch	Akademicki
Bibliotheek	Biblioteka
Bus	Autobus
Computer	Komputer
Grammatica	Gramatyka
Huiswerk	Praca Domowa
Kalender	Kalendarz
Leraar	Nauczyciel
Literatuur	Literatura
Onderwijs	Edukacja
Papier	Papier
Pennen	Długopisy
Potlood	Ołówek
Rugzak	Plecak
Schaar	Nożyczki
Schoenen	Buty
Weekend	Weekendy
Wetenschap	Nauka
Wiskunde	Matematyka
Woordenboek	Słownik

Specerijen
Przyprawy

Anijs	Anyż
Bitter	Gorzki
Fenegriek	Kozieradka
Gember	Imbir
Kaneel	Cynamon
Kardemom	Kardamon
Kerrie	Curry
Knoflook	Czosnek
Komijn	Kminek
Koriander	Kolendra
Kruidnagel	Goździk
Paprika	Papryka
Peper	Pieprz
Saffraan	Szafran
Smaak	Smak
Ui	Cebula
Vanille	Wanilia
Venkel	Koper Włoski
Zoet	Słodkie
Zout	Sól

Speelgoed
Zabawki

Ambachten	Rzemiosła
Auto	Samochód
Bal	Piłka
Boeken	Książki
Boot	Łódź
Drums	Bębny
Favoriet	Ulubiony
Fiets	Rower
Games	Gry
Klei	Glina
Pop	Lalka
Puzzel	Puzzle
Robot	Robot
Schaak	Szachy
Trein	Pociąg
Verbeelding	Wyobraźnia
Verf	Farby
Vlieger	Latawiec
Vliegtuig	Samolot
Vrachtauto	Ciężarówka

Sport
Sporty

Atleet	Atleta
Basketbal	Koszykówka
Beweging	Ruch
Fiets	Rower
Golf	Golf
Gymnasium	Gimnazjum
Gymnastiek	Gimnastyka
Hockey	Hokej
Honkbal	Baseball
Kampioenschap	Mistrzostwo
Scheidsrechter	Sędzia
Spel	Gra
Speler	Gracz
Stadion	Stadion
Team	Zespół
Tennis	Tenis
Trainer	Trener
Winnaar	Zwycięzca
Zwemmen	Pływać

Stad
Miasto

Apotheek	Apteka
Bakkerij	Piekarnia
Bank	Bank
Bibliotheek	Biblioteka
Bioscoop	Kino
Bloemist	Kwiaciarz
Boekhandel	Księgarnia
Dierentuin	Zoo
Galerij	Galeria
Hotel	Hotel
Kliniek	Klinika
Luchthaven	Lotnisko
Markt	Rynek
Museum	Muzeum
School	Szkoła
Stadion	Stadion
Supermarkt	Supermarket
Theater	Teatr
Universiteit	Uniwersytet
Winkel	Sklep

Strand
Plaża

Blauw	Niebieski
Boot	Łódź
Dok	Dok
Eiland	Wyspa
Handdoek	Ręcznik
Krab	Krab
Kust	Wybrzeże
Lagune	Laguna
Oceaan	Ocean
Paraplu	Parasol
Rif	Rafa
Sandalen	Sandały
Vakantie	Wakacje
Zand	Piasek
Zee	Morze
Zeilboot	Żaglówka
Zon	Słońce
Zwemmen	Pływać

Surfen
Surfing

Atleet	Atleta
Beginner	Początkujący
Extreem	Skrajny
Golf	Fala
Kampioen	Mistrz
Kracht	Siła
Maag	Żołądek
Menigte	Tłumy
Oceaan	Ocean
Peddelen	Wiosło
Plezier	Zabawa
Populair	Popularny
Rif	Rafa
Schuim	Pianka
Snelheid	Prędkość
Stijl	Styl
Strand	Plaża
Weer	Pogoda
Zwemmen	Pływać

Tijd
Czas

Dag	Dzień
Decennium	Dekada
Eeuw	Stulecie
Gisteren	Wczoraj
Jaar	Rok
Jaarlijks	Roczne
Kalender	Kalendarz
Klok	Zegar
Maand	Miesiąc
Middag	Południe
Minuut	Minuta
Na	Po
Nacht	Noc
Nu	Teraz
Ochtend	Rano
Toekomst	Przyszłość
Uur	Godzina
Vandaag	Dzisiaj
Vroeg	Wczesny
Week	Tydzień

Tuin
Ogród

Bank	Ławka
Bloem	Kwiat
Boom	Drzewo
Boomgaard	Sad
Garage	Garaż
Gazon	Trawnik
Gras	Trawa
Hangmat	Hamak
Hark	Grabie
Hek	Ogrodzenie
Onkruid	Chwasty
Rotsen	Skały
Schop	Łopata
Slang	Wąż
Struik	Krzak
Terras	Taras
Trampoline	Trampolina
Tuin	Ogród
Vijver	Staw
Wijnstok	Winorośl

Vakantie #2
Wakacje # 2

Buitenlander	Cudzoziemiec
Buitenlands	Zagraniczny
Eiland	Wyspa
Hotel	Hotel
Kaart	Mapa
Kamperen	Kemping
Luchthaven	Lotnisko
Paspoort	Paszport
Reis	Podróż
Reserveringen	Rezerwacje
Restaurant	Restauracja
Strand	Plaża
Taxi	Taxi
Tent	Namiot
Trein	Pociąg
Vakantie	Wakacje
Vervoer	Transport
Visum	Wiza
Vrije Tijd	Wypoczynek
Zee	Morze

Verjaardag
Urodziny

Cake	Ciasto
Dag	Dzień
Geboren	Urodzony
Gelukkig	Szczęśliwy
Geschenk	Prezent
Herinneringen	Wspomnienia
Jaar	Rok
Jong	Młody
Kaarsen	Świece
Kaarten	Karty
Kalender	Kalendarz
Lied	Piosenka
Ouder	Starsze
Plezier	Zabawa
Speciaal	Specjalny
Tijd	Czas
Uitnodigingen	Zaproszenia
Viering	Uroczystość
Vrienden	Przyjaciele
Wijsheid	Mądrość

Vissen
Wędkarstwo

Aas	Przynęta
Apparatuur	Sprzęt
Boot	Łódź
Draad	Drut
Geduld	Cierpliwość
Gewicht	Waga
Haak	Hak
Kaak	Szczęka
Kieuwen	Skrzela
Kok	Gotować
Mand	Kosz
Meer	Jezioro
Oceaan	Ocean
Overdrijving	Przesada
Rivier	Rzeka
Strand	Plaża
Vinnen	Płetwy
Water	Woda

Vliegtuigen
Samoloty

Afdaling	Zejście
Atmosfeer	Atmosfera
Avontuur	Przygoda
Ballon	Balon
Bemanning	Załoga
Bouw	Budowa
Brandstof	Paliwo
Geschiedenis	Historia
Hemel	Niebo
Hoogte	Wysokość
Landen	Lądowanie
Lucht	Powietrze
Motor	Silnik
Navigeren	Nawigować
Ontwerp	Projekt
Passagier	Pasażer
Piloot	Pilot
Richting	Kierunek
Turbulentie	Turbulencja
Waterstof	Wodór

Voeding
Odżywianie

Bitter	Gorzki
Calorieën	Kalorie
Dieet	Dieta
Eetbaar	Jadalny
Eetlust	Apetyt
Eiwitten	Białka
Evenwichtig	Zrównoważony
Fermentatie	Fermentacja
Gewicht	Waga
Gezond	Zdrowy
Gezondheid	Zdrowie
Koolhydraten	Węglowodany
Kwaliteit	Jakość
Saus	Sos
Smaak	Smak
Specerijen	Przyprawy
Spijsvertering	Trawienie
Toxine	Toksyna
Vitamine	Witamina
Vloeistoffen	Płyny

Voertuigen
Pojazdy

Ambulance	Ambulans
Auto	Samochód
Banden	Opony
Boot	Łódź
Bus	Autobus
Caravan	Karawana
Fiets	Rower
Helikopter	Śmigłowiec
Metro	Metro
Motor	Silnik
Onderzeeër	Łódź Podwodna
Raket	Rakieta
Scooter	Skuter
Taxi	Taxi
Tractor	Ciągnik
Trein	Pociąg
Veerboot	Prom
Vliegtuig	Samolot
Vlot	Tratwa
Vrachtauto	Ciężarówka

Vogels
Ptaki

Duif	Gołąb
Eend	Kaczka
Ei	Jajko
Flamingo	Flaming
Gans	Gęś
Kip	Kurczak
Koekoek	Kukułka
Kraai	Wrona
Meeuw	Mewa
Mus	Wróbel
Ooievaar	Bocian
Papegaai	Papuga
Pauw	Paw
Pelikaan	Pelikan
Pinguïn	Pingwin
Reiger	Czapla
Struisvogel	Struś
Toekan	Tukan
Uil	Sowa
Zwaan	Łabędź

Vormen
Kształty

Bol	Kula
Boog	Łuk
Cilinder	Cylinder
Cirkel	Koło
Curve	Krzywa
Driehoek	Trójkąt
Hoek	Narożnik
Hyperbool	Hiperbola
Kant	Bok
Kegel	Stożek
Kubus	Sześcian
Lijn	Linia
Ovaal	Owal
Piramide	Piramida
Prisma	Pryzmat
Randen	Krawędzie
Rechthoek	Prostokąt
Ronde	Okrągły
Veelhoek	Wielokąt
Vierkant	Kwadrat

Wandelen
Turystyka Piesza

Berg	Góra
Dieren	Zwierząt
Gevaren	Zagrożenia
Kaart	Mapa
Kamperen	Kemping
Klif	Klif
Klimaat	Klimat
Laarzen	Buty
Moe	Zmęczony
Muggen	Komary
Natuur	Natura
Oriëntatie	Orientacja
Parken	Parki
Stenen	Kamienie
Top	Szczyt
Voorbereiding	Przygotowanie
Water	Woda
Wild	Dziki
Zon	Słońce
Zwaar	Ciężki

Water
Woda

Douche	Prysznic
Geiser	Gejzer
Golven	Fale
Ijs	Lód
Irrigatie	Nawadnianie
Kanaal	Kanał
Meer	Jezioro
Moesson	Monsun
Oceaan	Ocean
Orkaan	Huragan
Overstroming	Powódź
Regen	Deszcz
Rivier	Rzeka
Sneeuw	Śnieg
Stoom	Parowy
Verdamping	Parowanie
Vocht	Wilgoć
Vochtig	Wilgotny
Vochtigheid	Wilgotność
Vorst	Mróz

Weersomstandigheden
Pogoda

Atmosfeer	Atmosfera
Bliksem	Piorun
Donder	Grzmot
Droogte	Susza
Hemel	Niebo
Ijs	Lód
Klimaat	Klimat
Mist	Mgła
Moesson	Monsun
Orkaan	Huragan
Overstroming	Powódź
Polair	Polarny
Regenboog	Tęcza
Storm	Burza
Temperatuur	Temperatura
Tornado	Tornado
Tropisch	Tropikalny
Vochtig	Wilgotny
Wind	Wiatr
Wolk	Chmura

Wetenschap
Nauki Ścisłe

Atoom	Atom
Chemisch	Chemiczny
Deeltjes	Cząstki
Evolutie	Ewolucja
Experiment	Eksperyment
Feit	Fakt
Fossiel	Skamieniałość
Gegevens	Dane
Hypothese	Hipoteza
Klimaat	Klimat
Laboratorium	Laboratorium
Methode	Metoda
Mineralen	Minerały
Moleculen	Cząsteczki
Natuur	Natura
Natuurkunde	Fizyka
Observatie	Obserwacja
Organisme	Organizm
Wetenschapper	Naukowiec
Zwaartekracht	Grawitacja

Wetenschappelijke Discip
Dyscypliny Naukowe

Anatomie	Anatomia
Archeologie	Archeologia
Astronomie	Astronomia
Biochemie	Biochemia
Biologie	Biologia
Chemie	Chemia
Ecologie	Ekologia
Fysiologie	Fizjologia
Geologie	Geologia
Immunologie	Immunologia
Mechanica	Mechanika
Meteorologie	Meteorologia
Mineralogie	Mineralogia
Neurologie	Neurologia
Plantkunde	Botanika
Psychologie	Psychologia
Robotica	Robotyka
Sociologie	Socjologia
Thermodynamica	Termodynamika
Voeding	Odżywianie

Wiskunde
Matematyka

Decimaal	Dziesiętny
Diameter	Średnica
Divisie	Podział
Driehoek	Trójkąt
Exponent	Wykładnik
Fractie	Frakcja
Geometrie	Geometria
Hoeken	Kąty
Loodrecht	Prostopadły
Omtrek	Obwód
Parallel	Równoległy
Parallellogram	Równoległobok
Rechthoek	Prostokąt
Rekenkundig	Arytmetyka
Som	Suma
Symmetrie	Symetria
Veelhoek	Wielokąt
Vergelijking	Równanie
Vierkant	Kwadrat
Volume	Objętość

Zomer
Latem

Boeken	Książki
Duiken	Nurkowanie
Familie	Rodzina
Herinneringen	Wspomnienia
Huis	Dom
Kamperen	Kemping
Muziek	Muzyka
Ontspanning	Relaks
Reis	Podróż
Sandalen	Sandały
Sterren	Gwiazdy
Strand	Plaża
Tuin	Ogród
Vakantie	Wakacje
Voedsel	Żywność
Vreugde	Radość
Vrienden	Przyjaciele
Vrije Tijd	Wypoczynek
Zee	Morze
Zwemmen	Pływać

Zoogdieren
Ssaki

Aap	Małpa
Bever	Bóbr
Coyote	Kojot
Dolfijn	Delfin
Ezel	Osioł
Geit	Koza
Giraf	Żyrafa
Gorilla	Goryl
Hond	Pies
Kameel	Wielbłąd
Kangoeroe	Kangur
Kat	Kot
Konijn	Królik
Leeuw	Lew
Olifant	Słoń
Paard	Koń
Stier	Byk
Vos	Lis
Walvis	Wieloryb
Wolf	Wilk

Gefeliciteerd

Je hebt het gehaald!

We hopen dat u net zoveel plezier beleeft aan dit boek als wij aan het maken ervan. We doen ons best om spellen van hoge kwaliteit te maken.
Deze puzzels zijn op een slimme manier ontworpen zodat je actief kunt leren terwijl je plezier hebt!

Vond je ze mooi?

Een Eenvoudig Verzoek

Onze boeken bestaan dankzij de recensies die zij publiceren. Kunt u ons helpen door nu een mening achter te laten ?

Hier is een korte link die u naar uw bestellingen beoordelingspagina.

BestBooksActivity.com/Recensie50

FINAAL UITDAGING!

Uitdaging nr. 1

Klaar voor uw bonusspel? We gebruiken ze de hele tijd, maar ze zijn niet zo gemakkelijk te vinden. Hier zijn **Synoniemen!**

Noteer 5 woorden die je ontdekt hebt in elk van de onderstaande puzzels (nr. 21, nr. 36, nr. 76) en probeer voor elk woord 2 synoniemen te vinden.

Notitie 5 Woorden uit *Puzzle 21*

Woorden	Synoniem 1	Synoniem 2

Notitie 5 Woorden uit *Puzzle 36*

Woorden	Synoniem 1	Synoniem 2

Notitie 5 Woorden uit *Puzzle 76*

Woorden	Synoniem 1	Synoniem 2

Uitdaging nr. 2

Nu je opgewarmd bent, noteer 5 woorden die je ontdekt hebt in elke hieronder genoteerde puzzel (nr. 9, nr. 17, nr. 25) en probeer voor elk woord 2 antoniemen te vinden. Hoeveel regels kan je doen in 20 minuten?

Notitie 5 Woorden uit *Puzzle 9*

Woorden	Antoniem 1	Antoniem 2

Notitie 5 Woorden uit *Puzzle 17*

Woorden	Antoniem 1	Antoniem 2

Notitie 5 Woorden uit *Puzzle 25*

Woorden	Antoniem 1	Antoniem 2

Uitdaging nr. 3

Prachtig, deze finaal uitdaging is makkelijk voor jou!

Klaar voor de laatste? Kies je 10 favoriete woorden die je in een van de puzzels hebt ontdekt en noteer ze hieronder.

1.	6.
2.	7.
3.	8.
4.	9.
5.	10.

De uitdaging is nu om met deze woorden en binnen een maximum van zes zinnen een tekst te schrijven over een persoon, dier of plaats waar je van houdt!

Tip: U kunt de laatste blanco pagina van dit boek als kladblaadje gebruiken!

Je schrijven:

NOTITIEBOEKJE:

TOT SNEL!

GENIET VAN GRATIS SPELLEN

GO

BESTACTIVITYBOOKS.COM/FREEGAMES